토닥토닥 성교육,
혼자
고민하지 마

정혜민 지음

토끼장이

토닥토닥 성교육,

혼자
고민하지 마

정혜민

솔직하고 따뜻한 성, 연애 이야기

토기장이

추천의 글

교회 안에서는 될 수 있으면 언급하지 말아야 하고 질문을 받으면 곤란해지는 주제, 성(性). 정혜민 목사님은 이 책을 통해 교회 안팎의 현장에서 어른들과 아이들을 만나며 체험한 성에 대한 우리의 현재 모습을 가감 없이 보여 줍니다. 그리고 여전히 어떻게 대처할 줄 몰라 당황해하는 어른들과 아이들 모두에게 성경과 심리학의 지식들, 데이터와 사례들을 통해 이야기하고 "그럼 어떻게 할까요?"라는 물음에 대한 길을 제시합니다.

이 책을 읽는 내내 따뜻함이 느껴졌던 이유는 '문제가 아닌 사람에게 집중하는 마음' 때문이었을 겁니다. 그 누구도 먼저 돌로 칠 자격이 없는 우리에게 정혜민 목사님은 말해 주는 듯합니다. 언제든지 새롭게 하실 수 있는 주님께 나아가자고…. 거룩함의 법 안에서 자유함을 누리자고…. 성의 문제로 고민하는 청소년, 청년, 어른들과 잘못된 오해로 터부시하거나 대책을 몰라 고민하는 부모님, 목회자, 선생님들에게 이 책을 권합니다.

김재효 한동대학교 기계제어공학부 교수

우리가 무엇을 알면 그것을 움직일 수 있지만 모르면 그것에 의해 지배를 받게 됩니다. 알아도 문제입니다. 자신의 관점과 해석이 이미 현실과 동떨어진 낡은 것이 되어 버렸는데 움켜쥐고 모두 아는 것으로 여깁니다. 청소년들의 성에 대한 담론들이 그렇습니다. 아이들은 현실의 복잡다단함과 미래를 내다보지 못하고, 어른들은 나도 겪어 봐서 안다는 고정관념에 사로잡혀 아이들을 들여다보지 못한 채 도리어 힘들게 합니다. 또한 이것을 기독교 신앙으로 설명하는 것도 문제입니다. 떠오르는 것이라곤 뻔한 위로나 훈계 몇 줄뿐이고, 꺼내 쓸 수 있는 단어조차 몇 되지 않습니다. 이 책은 그런 우리의 혼란을 직시하고 적어 나간 어른들을 향한 보고서이자 아이들에게 전하는 편지글입니다. 아이들과 울고 웃었던 다양한 사례, 에센스만을 간추린 통계 및 조사자료, 가슴을 촉촉이 적시는 위로와 신앙고백까지…. 참 맑고 따뜻한 길라잡이입니다.

변상욱 YTN 뉴스앵커, 전 CBS 대기자, 국민대 초빙교수

요즘 뉴스를 보면 나쁜 어른들이 저지른 성범죄에 관한 기사에 거의 매일 노출되는 것 같습니다. 이런 어른들을 따라 해 보고 싶은 미성숙한 청소년들의 모방심리 때문에 현장에 있어 보면 간혹 청소년의 범죄라고 믿기 힘든 사례를 조사할 때가 있습니다. 그리고 어느 누구에게도 제대로 된 성교육을 받지 못했을 그들에게 세상은 '소년범'이라는 딱지를 붙입니다.

이 책은 그동안 오해했던 성에 대해 명확하게 설명해 주고 있습니다. 어디에도 말할 수 없었던 성(性)스러운 청소년들의 고민을 해결해 줄 수 있는 해답서가 될 만한 책입니다. 성 정체성 혼란이 있는 다음 세대를 위해서 신앙교육 외에도 성경적인 성교육은 반드시 필요합니다. "맞아! 하나님께서 사랑하는 우리를 위해 나쁜 걸 만드셨을 리가 없지. 성은 하나님의 '거룩한 선물'이다."

심규보 '별을 만드는 사람들' 대표, 범죄피해평가전문가, 범죄심리사

인간은 누구나 기본적인 욕구를 원하고, 바라고, 표현하며, 살고 싶어 합니다. 그중에서도 성과 연애 문제는 가장 기본적이고 아주 중요한 주제입니다. 특히 아무도 가르쳐 주지 않는 청소년들의 성, 이성 교제, 연애 문제를 다루는 책이 정말 필요한 실정에서 이 분야에 교과서 같은 책이 나오게 되어서 정말 반갑고 기쁜 마음입니다.

이 시대에는 왜곡되고 비뚤어진 성 지식이 성 중독으로 이어져 고통스럽고 불행한 삶을 살아가는 사람들이 너무 많습니다. 그런 의미에서 이 책은 우리에게 가장 소중한 아름다운 성을 다루는 안내서이자 성 중독의 예방과 치유와 회복을 돕는 지침서가 될 것입니다. 그동안 수많은 강의와 목회 상담 현장에서의 경험이 빛나는 정혜민 목사님의 눈물과 사랑이 이 책에 녹아들었기 때문입니다. 그 누구보다도 청소년들을 사랑하고 그 아픔을 함께 나누었던 정혜민 목사님의 가슴 따뜻한 이야기가 수많은 청소년들의 마음을 '토닥토닥' 위로하고 그들에게 꿈과 용기와 희망을 줄 것을 확신합니다.

유성필 기독교중독연구소 소장

이 책은 무엇보다 성에 대해 터부시하며 부정적으로 바라보는 한국교회의 이원론적인 신앙을 극복하게 도와줍니다. 성 자체는 하나님께서 인류에게 허락하신 창조의 선물입니다. 하지만 이 책은 여기에 머무르지 않고 우리 시대의 오염된 성과 사랑의 이야기를 어떻게 하면 예수 그리스도 안에서 극복할 것인지에 대한 대안을 제시합니다. 단언컨대 이 시대를 살아가는 크리스천 청소년들을 위한 유효한 '성과 연애의 지침서'라 말할 수 있습니다.

하지만 이 책은 절대 딱딱한 이론서가 아닙니다. 저자의 자전적 경험을 통한 자신만의 이야기를 통해 독자로 하여금 깊은 인상과 공감을 자아내게 합니다. 단순히 성의 문제만을 다루는 게 아니라 진정한 사랑에 대해, 하나님이 인생에게 허락하신 아름다운 사랑에 대해 이야기합니다. 나아가 성과 연애, 결혼의 성경적 원리를 인류를 향한 하나님의 문화명령과 연결 지어 분명하게 진술하고 있습니다.

이 책은 바로 앞에서 선생님과 대화하듯 읽는 책입니다. 청소년들이 읽기에 정말 좋습니다. 더불어 성 중독, 야동 중독에 빠진 아이들을 위한 멘토가 되어 주고 싶은, 사랑에 빠진 아이들을 이해하고 바르게 이끌어 주기를 원하는 부모님과 선생님들께도 일독을 권합니다.

윤성헌 목사, 교회를위한신학포럼 총무

먼저 '이 책을 읽는 청소년들은 복 받은 사람이구나!'라고 말을 하고 싶습니다. 놀랍게도 우리는 가장 궁금한 내용에 대해서는 물어볼 만한 사람을 만나지 못할 때가 많습니다. 그래서 청소년들이 중요한 타이밍에 적절한 답을 듣지 못하고 답을 찾아 엉뚱한 곳에 헤매다가 늘 답답한 가슴으로 눌려 있는 것을 자주 보게 됩니다.

청소년에게 있어서 성에 대한 질문은 아주 심각한 인생 문제 중 하나입니다. 이 책을 들고 있는 청소년은 마치 정혜민 목사와 작은 도서관 옆 벤치에 앉아 자판기에서 막 뽑아낸 캔 음료를 한 손에 들고 두런두런 이야기하는 느낌이 들 것입니다. 친한 언니(누나)처럼, 때론 친구처럼 동그랗게 눈을 뜨고 코앞에 있는 당신의 말을 들어주려는 저자의 열정을 느낄 수 있을 것입니다.
가르치려 들거나 꾸짖지 않는, 그러면서도 결코 물러서지 않고 바른 것에 대해서 대화하려는 정혜민 목사는 코스타 캠프에서도 특히 청소년들과 상담하며 가장 눈물을 많이 흘리는 강사 중 한 명입니다. 정혜민 목사의 책 발간을 두 손 들고 환영하며 모든 청소년들의 필독서가 되기를 강력 추천합니다.

유임근 목사, 코스타 국제본부 총무

성은 매우 중요하고 관심이 많으면서도 이야기하기 꺼려지는 주제입니다. 아마도 성을 어떤 상황에서 어떤 방식으로 이야기하는가에 따라 엄청나게 서로 다른 결과를 만들어낼 수 있기 때문일 것입니다. 성은 결코 간과할 수 없는 삶의 중요한 일부입니다. 아마 인간의 성장과 정체성, 관계성과 인류 생존에 이만큼 지대한 영향을 끼치는 것을 찾기 쉽지 않을 것입니다.
그런데도 성에 대한 정보는 불특정한 방식으로 무질서하게 제공되고 있어 염려스러운 것이 사실입니다. 이런 환경 가운데 정혜민 목사님의 책을 접하게 되어 마치 거친 들판에 지쳐갈 때쯤 맑은 옹달샘을 만난 기분입니다. 특히 하나님의 시각으로 성의 의미와 가치를 찾아가는 여정은 감동적이었습니다.
이 책을 읽은 후에는 성을 너무 어렵게 대하거나 함부로 대했던 태도에서 마치 토닥거리며 친근하게 다가오는 친구를 대하는 모습으로 변화되기를 기대하며 이 책과의 소중한 만남을 진심으로 축복합니다.

이성주 보성여자중학교 교사

아이들의 성교육이 정말 중요하다는 생각은 크리스천 부모라면 누구나 합니다. 특히 요즘처럼 다양한 미디어를 통해 왜곡된 성 문화를 쉽게 접할 수 있는 시대에서는 더욱 그렇지요. 하지만 막상 성교육을 하려고 하면, 추상적인 말로 얼버무리거나 아이들의 마음에 다가가지 못하는 고리타분한 설교로 그치는 경우가 많습니다.

정혜민 목사님의 글에는 아이들과 함께 아파하고, 그 아이들을 사랑으로 보듬고자 하는 마음이 가득 담겨 있습니다. 다양한 강의와 상담에서 비롯된 아이들의 사례들은 매우 실제적이며, '성과 연애'에 대한 메시지와 해결책은 따뜻하고 성경적입니다. 또한 우리 어른들이 어떻게 하면 '좋은 어른 멘토'가 되어 줄 수 있을지에 대한 진지한 고민이 담겨 있습니다. 아이들에게 성경적인 성교육을 시키고 싶은 부모라면, 성과 연애에 대해 호기심이나 고민을 갖고 있는 학생이라면, 교회 현장에서 아이들을 가르치고 있는 교사와 목회자라면 누구나 꼭 읽어야 할 책입니다.

이재훈 온누리교회 담임목사

"목사님, 혹시 통화 가능하세요?" 야심한 밤이나 새벽에 울리는 휴대폰을 보면 저도 모르게 긴장이 됩니다. 청소년 아이들과 만나기 시작한 지 10년이 넘었지만 그 긴장감은 여전합니다. 전화기를 붙잡고 울면서 도와달라고 하는 아이들을 마주하면서 저도 어쩔 줄 모르는 당황스러움과 어떤 것도 해 줄 수 없는 무능함을 느꼈던 기억이 있습니다.

전통적인 유교사회의 그늘을 완전히 벗어나지 못한 한국에서 여전히 성은 부끄러운 이야기, 숨겨야 할 것으로 여기는 경향이 많습니다. 하지만 급격히 변해 가는 청소년 목회 현장에서 성에 대한 문제는 드러날 수밖에 없고 또 드러나야만 하는 문제입니다. 불타오르는 그 뜨거움을 주체하지 못하는 청소년들이기에 '성령 충만'하기보다 '성 충만'한 아이들이 많습니다. 그것을 잘못된 것, 나쁜 것, 부정한 것으로 여기기보다 어떻게 하면 그들에게 성경적인 가치관을 전해 줄 수 있을지 고민하는 것이 바로 저희 청소년 사역자들의 역할이라고 생각합니다.

정혜민 목사님의 책은 청소년 아이들의 눈높이에 맞게 톡톡 튀면서도 아주 구체적이고 실제적인 이야기로 가득 차 있습니다. 청소년들의 고민을 이해하고 친절하게 다가가면서도 성에 대한 성경적인 원리를 알려 주는 것을 놓치지 않습니다. 더 이상 우리의 다음 세대를 혼자 두지 않고 함께 걸어가고자 하는 분들이 반드시 읽어 보시기를 추천합니다.

정지훈 목사, 우리들교회 청소년부 디렉터

가려운 곳을 긁어 주는 시원한 책입니다. 성과 연애는 청소년들의 삶과 밀접하지만, 그동안 한국 교회 안에서 쉽게 드러내 놓고 말할 수 없는 주제였습니다. 그 사이 우리 아이들은 세상 성교육에만 노출돼 있었지요. 성과 연애를 기독교 세계관 안에서 어떻게 봐야 할지에 대한 교육이 시급한 상황에서 이 책이 나와 정말 기쁘게 생각합니다.

무엇보다 이 책은 '현장'이 느껴져 좋았습니다. 책상에서 혼자 쓴 책이 아니라, 그동안 목사님이 함께 호흡한 청소년들의 실제적 고민이 담겨 있었지요. 청소년의 마음을 이해하고 위로하면서 건네는 권면에 따뜻함이 전해져 참 좋았습니다.

이 책을 청소년뿐만 아니라 그들을 양육하는 교역자, 교사, 부모도 읽기를 권합니다. 도대체 이 녀석들이 성과 연애에 대해 어떤 고민을 갖고 있는지, 또 우리는 어떤 답을 줘야 할지, 이 책을 통해 시원한 답을 얻게 될 것입니다.

최창수 분당우리교회 송림고등부 담당목사

정혜민 목사는 눈물의 현장에 있는 진짜 사역자입니다. 말로 가르치는 것이 아니라 함께 울고 함께 웃으며 그들에게 손을 내밀어 줍니다. 정 목사를 처음 본 순간부터 남다른 열정과 사랑을 볼 수 있었습니다. 그 현장의 이야기들이 모아져서 귀한 글로 여러분에게 다가가게 된 것이 진심으로 기쁘고 뿌듯합니다.
현장에서 아이들과 뒹굴며 가슴으로 외치는 이 메시지가 다음 세대와 가정을 살리는 귀한 도구가 되기를 기도합니다.

홍민기 목사, 라이트하우스무브먼트 대표, 브리지임팩트미니스트리 이사장

프롤로그

이 책을 펼친 '너'에게
가장 먼저 해 주고 싶은 이야기!

'까톡! 까톡!'

새벽 2시가 조금 넘은 시간, 갑자기 울린 알람 소리에 깨서 핸드폰을 쳐다봤어요.

"목사님…."

한 여학생이 보낸 메시지였어요. 많은 의미를 담고 있는 듯한 '…' 표시를 보면서 떨리는 마음으로 다음 메시지를 기다렸어요. 그리고 조금 뒤에 이런 메시지가 왔어요.

"저는 어떡하면 좋을까요…."

성(性), 이성 교제에 대한 강의와 설교를 시작하고 나서 하루에도 몇 번씩 이런 연락을 받아요. 이 중에는 교회에 다니는 친구들도 있고 그렇지 않은 친구들도 많아요. 얼마나 무섭고 답답했으면 나에게까지 연락을 했을까…. 그 마음을 생각하면 참 안타깝고, 그래서 더 꼭 안아 주고 싶어요.

지금 이 글을 보고 있는 '너'도 어쩌면 이런 고민을 가지고 있을지 몰라요. 아무에게도 말하지 못하고 혼자 끙끙거리고 있거나 이 책, 저 책, 이 페이지, 저 페이지를 뒤적거리며 고민에 대한 답을 찾고 있을지도 모르죠. 이 책을 펼치게 된 동기가 무엇이든 간에 저는 이 책을 통해 저와 만나게 된 '너'에게, 먼저 마음 다해 사랑하고 축복한다는 말을 하고 싶어요!

저는 이 책을 통해서 우리가 그동안 오해했던 성에 대한 이야기들, 그리고 교회 안에서 해 주지 않았던 아주 솔직한 이야기들을 함께 나누려고 해요. 부끄러운 고백이지만 저도 교회 안에만 있을 때는 미처 몰랐어요. 여러분이 어떤 상황 속에서 어떤 생각을 가지고 살아가는지…. 그런데 학교에서, 센터에서 수많은 친구를 만나면서 그제야 비로소 '진짜' 여러분의 모습을 보게 됐고, 알게 됐어요. 그리고 여러분을 제대로 알지도 못하면서 일방적으로 가르치고 닦달했던 제 모습을 반성하게 됐어요.

저는 이렇게 반성하는 마음으로 제가 현장에서 경험한 것들을 가지고 건강한 성 의식을 가지는 것이 왜 이토록 중요한지, 성을 어떻게 바라봐야 할 것인지에 대해 아주 구체적이고 솔직하게 나누고 싶어요.

이 책이 '너'에게 작은 위로가 될 수 있기를, 그리고 그동안 수없이 고민했던 '너'의 질문들에 답을 찾아가는 작은 안내서가 될 수 있기를….

떨리고 설레는 마음으로 여러분과 함께 이제 이야기를 나눠 볼게요.

차례

추천의 글
프롤로그

Part 1
토닥토닥, 너의 마음은 소중해!

020_ 01 이건 다른 문제예요!
024_ 02 그 아이를 보면 저도 모르게 가슴이 뛰어요
028_ 03 엄마, 아빠에게는 말을 못하겠어요
036_ 04 습관적으로 야동, 야한 웹툰을 보는 나,
       하나님께서 미워하시겠죠?
   # '사랑'이란?
   # 야동 끊기 프로젝트!
   # '중독'이란?

Part 2
두근두근, 너의 사랑을 존중해!

064_ 01 데이트, 이렇게 해 보는 건 어떨까?
   # 데이트 디자인하기!
   # 데이트의 4가지 필수 요소(D.A.T.E)
   # 교회 안에서 사귈 때는?

085_ 02 스킨십, 이렇게 해 보는 건 어떨까?

092_ 03 아슬아슬한 순간, 어떤 지혜가 필요할까?
- \# '동의'한다는 것의 의미
- \# '거절'해 보기 + '거절' 받아들이기

101_ 04 나는 말이야… 이런 일이 있었어.
- \# 저는 대체 뭐가 문제일까요
- \# 나는 진짜 '이것' 때문에 결혼을 했어!

Part 3
쫑긋쫑긋, 성과 섹스에 대해 나눠 볼까?

112_ 01 왜 기독교만 유독 혼전 순결을 강조하는 것처럼 보일까?
- \# 내가 너희에게 이 말씀을 준 이유는…

125_ 02 성(性)은 누가 만들었을까?
- \# 왜 교회는 '성'을 부정적으로 보게 됐을까?
- \# 왜 하나님은 사람을 남자와 여자로 창조하셨을까?

132_ 03 섹스에 대한 모든 것
- \# 정말 사랑하는 사이라면 결혼 전 섹스는 괜찮다고 생각해요
- \# 임신만 안 하면 괜찮은 거 아닌가요?
- \# 대체 혼전 순결에 대한 말씀이 성경 어디에 있나요?

Part 4

콩닥콩닥, 우리 더 솔직하게 말해 보자!

146_ 01 이미 선을 넘어 버린 저는 이제 구제불능인가요?

　　　　# 우리 교회에는 그런 일이 없어요

　　　　# 목사님, 제발 살려 주세요

　　　　# 혼전 순결을 지키지 못하면 지옥 가나요?

　　　　# 계속 반복되니까 지쳐요

　　　　# 그럼에도 하나님 품에 와락 안기는 삶

167_ 02 우리 헤어졌어요 : 이별로 아파하는 너에게

172_ 03 괜찮아, 네 잘못이 아니야! : 원치 않는 일을 겪은 너에게

　　　　# 데이트폭력

　　　　# 성희롱, 성추행, 성폭행, 성폭력

　　　　# 그루밍 성범죄

　　　　# 어디에 도움을 요청하면 좋을까요?

　　　　# '수치심'에 대하여

Part 5
아자아자, 진짜 하나님의 자녀로 살아가기!

194_ 01 '삐~ 삐~' 그럼에도 세상을 향해 외쳐야 할 이야기!
   # 일상 속에서 하나님 나라 세우기
201_ 02 너를 사랑하고 응원해!

Part 6
알쏭달쏭, 궁금한 게 있어요!

206_ 01 혼전 순결의 기준이 뭐예요?
209_ 02 야한 생각이 드는 것 자체가 죄인가요?
213_ 03 같은 반에 동성애를 하는 친구가 있어요.
218_ 04 자위는 죄인가요?
221_ 05 혼전 순결 서약식! 해야 하나요, 말아야 하나요?
223_ 06 성에 대한 이야기, 어떻게 시작해야 하나요?
227_ 07 교회 안에서 교사 성교육은 어떻게 이뤄져야 하나요?
231_ 08 내 아이가 성범죄의 피해자, 혹은 가해자가 됐을 때
   어떻게 해야 하나요?

Part 1

토닥토닥,
너의 마음은 소중해!

01
이건 다른 문제예요!

"주일 예배에 빠지지 않고요. 찬양팀도 하고요. 리더도 하고요. 봉사활동도 열심히 하고요. 수련회나 성경공부에도 안 빠지고요. 기도할 때 울면서 하고요. 찬양도 손들고 하고요."

제가 던진 어떤 질문에 대해 여러 친구들이 대답했던 말들이에요. 제가 던진 질문은 무엇이었을까요?

"어떤 친구를 보면 신앙이 좋다고, 믿음이 좋다고 생각하니?"

바로 이 질문이었어요. 이 책을 읽는 여러분도 그렇게 생각하나요?

우리는 보통 교회 안에서 '티가 날 정도로 열심히' 신앙생활을 하는 친구들을 보면서, 저 친구는 정말 믿음이 좋다고, 진짜 하나님을 사랑한다고 생각해요. 신앙심이 깊어지면 행동으로도 자연스럽게 흘러나오기 때문에 이것이 꼭 틀린 말은 아니에요. 하지만 그렇다고 아주 맞는 말도 아니에요. 하나님을 진심으로 믿는다는 것은 교회 안에서 보이는 모습만 가지고 말할 수 없어요. 정말 하나님을 사랑하고 믿는다면, 교회 밖에서도, 사람들이 아무도 보지 않는 곳에서도 하나님의 말씀대로 살기 위해 노력해야 해요.

제가 왜 성, 연애에 대한 이야기를 하기 전에 '믿음, 신앙'에 대한 이야기를 하는지 아나요? 그동안 현장에서 너무나도 많은 크리스천 친구들을 만났는데 정말 안타까운 경우가 많았어요. 주일 예배도 빠지지 않고, 교회에서 리더도 하고, 열심히 신앙생활을 하는 것처럼 보이는 친구들이 실제로는 하나님의 말씀과 반대되는 삶을 살고 있더라고요. 특별히 성, 연애 부분에 있어서요. 저는 교회에서 열심히 활동은 하고 있지만 야동 중독에 빠져 있거나, 자유로운 연애를 하면서 성 중독에 빠져 있는 친구들을 많이 만났어요. 그런 친구들은 항상 저와 상담을 하면 이렇게 말해요.

"목사님! 저는 빠지지 않고 교회에 열심히 나가요! 어디 가면 항상 저를 크리스천이라고 소개한다고요. 저는 하나님이 살아계신 것도 믿어요. 그런데 이게 왜 문제가 되는 거죠? 성 문제는, 연애는 제 개인적인 일이잖아요. 이게 신앙과 무슨 관련이 있어요?"

"정말 그렇게 생각하니?"

"네!"

여러분! 믿음이라는 것이 정말 단순히 예배에 빠지지 않고, 울면서 기도하고, 뛰면서 찬양하는 것뿐일까요?

그러므로 형제들아 내가 하나님의 모든 자비하심으로 너희를 권하노니 너희 몸을 하나님이 기뻐하시는 거룩한 산 제물로 드리라 이는 너희가 드릴 영적 예배니라(롬 12:1).

저는 이 말씀에서 특별히 이 부분을 집중해서 봤으면 좋겠어요. "너희 몸을 하나님이 기뻐하시는 거룩한 산 제물로 드리라."

우리는 보통 예배를 드릴 때 중요한 것이 마음과 영혼이라고 생각하잖아요. 그런데 여기서는 '우리의 몸'을 거룩하게 하래요. 이것이 하나님께 드릴 예배래요. 자세하게 다 설명하지는 않겠지만 이것을 통해 분명하게 알 수 있는 것은, 하나님께 예배드린다는 것이 우리가 생각하는 것처럼 추상적이지만은 않다는 거예요. 아주 적극적이고 구체적인 고백까지도 다 포함된 의미지요. 우리가 말하고 행동하는 모든 것, 우리의 삶 그 자체를 예배로 받으신다는 거예요.

더 쉽게 말해 볼까요? 여러분이 부모님께 받는 용돈을 지혜롭게 잘 사용하는 것도 믿음이에요. 여러분이 속해 있는 학교나 학원, 가정에서 사람들과 화목하게 지내는 것도 믿음이에요. 이 말은, 이 책에서 제가 여러분과 함께 나눌 모든 이야기도 결국에는 믿음에 대한 이야기라는 뜻이에요! 아무도 보지 않는다 할지라도 하나님 안에서 건강한 성(性)인식, 가치관을 가지고 남자친구, 여자친구와 건강하게 사랑하는 이 모든 것이 곧 삶으로 하나님을 예배하는 거예요.

이 중요한 사실을 먼저 가슴속에 새기고 다음 장으로 넘어가 볼까요?

02
그 아이를 보면
저도 모르게 가슴이 뛰어요

"운동장에 사람들이 가~득 차 있어도 그 애만 눈에 보여요!"

"잠을 자려고 누워서 눈을 감아도, 응가를 하려고 앉아 있어도 그 애의 얼굴이 떠올라요!"

혹시 이런 증상이 나타났다면… 맞아요! 여러분은 사랑에 빠진 거예요!

사랑에 빠지면 세상이 아름답게 보여요. 길을 걷다가 들리는 새소리가 마치 누군가 나에게 불러 주는 아름다운 노래 같고, 별일 아닌데도 자꾸 웃음이 나오고 콧노래가 나오죠. 이렇게 사랑은 우리의 삶에 활력을 불어넣어 줘요! 사랑에 빠진 사람들은 예뻐지고 멋있어진다는 말이 그냥 나온 말은 아닌 것 같아요.

그런데 제가 강의를 다니면서 만난 어떤 친구들은, 분명 사랑을 하고 있음에도 불구하고 얼굴빛이 어두운 경우가 있어요. 걱정되는 마음으로 물어보면 종종 이렇게 말을 해요.

"저는 지금 공부해야 할 나이인데, 연애를 하거나 누구를 좋아할 때가 아닌데…. 저는 왜 이러는 걸까요? 제 마음을 제가 조절할 수 없어서 답답해요."

이런 말을 들을 때마다 참 속상하고 안타까워요. 이 친구가 이런 말을 하기까지 제가 모르는 많은 일들이 있었겠다는 생각이 들거든요.

저는 초등학교 3학년, 10살 때 처음으로 남자친구를 사귀었어요. 어렸을 때부터 누군가가 저에게 가장 큰 관심사가 뭐냐고 물어보면, 저는 1초의 망설임도 없이 "저의 진짜 사랑! 백마 탄 왕자님이요!"라고 대답했어요. 이렇다 보니 어렸을 때부터 이성 친구에 대한 관심이 많았고, 당연히 부모님의 걱정도 이만저만이 아니었죠.

남자친구를 사귈 때마다 부모님은 항상 저에게 "네가 지금 연애할 때니? 공부도 해야 하고 네 꿈을 찾아가야 하는 나이인데! 대학 들어가면 다 사귈 텐데 왜 벌써부터 그러니?"라며 꾸중을 하셨어요. 지금이야 결혼도 하고 엄마가 되어서 그렇게 말씀하셨던 부모님의 마음이 조금 이해가 되

지만, 그때는 참 원망스러웠어요. '왜 부모님은 나의 사랑을 이해해 주시지 않는 걸까….'

그 당시 썼던 일기장을 보면 그때 제 마음이 얼마나 진지했는지 알 수 있어요. 남자친구와 몇 살 때 결혼할 거고, 아이를 몇 명 낳을 건지, 또 이름은 뭐로 할 건지까지 다 적혀 있거든요. 10살이었지만 꽤나 진지했어요.

저는 요즘 초등학생 친구들을 대상으로 성 강의와 설교를 할 때가 많은데요. 10살, 11살 친구들이 수줍게 웃으면서 "목사님! 저는 나중에 커서 ○○이랑 결혼할 거예요!"라고 말하면 어렸을 적 제 모습이 떠올라요.

이 책을 읽고 있는 여러분 중에 혹시 누군가를 뜨겁게 좋아하고 있는 친구들이 있다면 저는 이렇게 말해 주고 싶어요!

"너는 아~~~~~주 건강한 거야!"

여러분 나이에 이성 친구에게 관심을 가지게 되는 것은 지극히 정상적인 반응이고 여러분이 건강하다는 증거예요. 아, 그렇다고 오해하면 안 돼요! 저는 지금 여러분에게, 무조건 이성 친구를 사귀어야 한다고 말하고 있는 게 아니에요! 사람마다 다 달라서, 뒤늦게 이성 친구에게 호기심을 갖게 되는 경우도 있거든요.

제가 여러분에게 말하고 싶은 것은, 지금 여러분이 느끼고 있는 그 사랑의 감정을 자연스럽게 받아들이라는 거예요. 그것은 절대로 잘못된 감정이 아니에요. 하나님께서 우리에게 주신 선물과도 같은 마음이에요. 먼저 이런 나의 감정을 존중해 주세요!

'토닥토닥, 나의 마음은 소중해'

03
엄마, 아빠에게는 말을 못하겠어요

제가 교회에서 강의나 설교를 할 때 항상 처음 학생들에게 던지는 질문이 있어요. 이 책을 읽는 여러분도 제가 던지는 질문에 함께 대답해 봤으면 좋겠어요.

"여러분, 제가 이제 단어 하나를 말할 텐데요. 이 단어를 들으면 어떤 생각이 드는지 그 첫 느낌을 말해 주세요! 준비됐죠?"

"(엄청 활발하게) 네~!"

"섹. 스!!"

이 단어를 툭 던지면 아주 다양한 반응이 나타나요. 자기도 모르게 입꼬리가 씩 올라가는 친구들도 있고, 얼굴이 발개지는 친구들도 있고, 살짝 인상을 찡그리는 친구들도 있죠. 그럼 제가 이것보다 더 센(?) 질문 하나를 훅 던져요.

"여러분은 섹스가 하고 싶나요?"

그럼 여기저기서 "꺄악!" 하면서 웃음기 가득한 비명이

터져 나와요. 이런 모습만 보면 교회 전도사님, 목사님, 선생님들은 '역시 우리 교회 아이들은 순수해!'라고 생각하시죠. 네. 저도 교회 안에서만 이 사역을 했을 때는 그렇게 생각했어요. 아무것도 모르는 표정으로 고개를 끄덕이는 친구들의 얼굴을 보면서 안심했었죠. 그런데 제가 학교에서 이 강의를 하면서 아주 놀라운 사실 하나를 발견했어요.

강의를 시작하기 전에 교회에서와 똑같은 질문을 던져 봤어요.

"애들아, 너희는 섹스가 하고 싶니?"

그러자 친구들이 어떤 반응을 보였을까요?

교회 친구들처럼 수줍어하면서 대답을 피했을까요? 천만에요! 아주 놀랍게도 질문이 떨어지기 무섭게 "네~~~~" 하며 책상까지 두드리는 거예요. 헐. 너무 기가 막혀서 다음 질문을 던져 봤어요.

"그래? 그럼 언제 하고 싶니?"

이번에도 질문이 끝나자마자 아이들이 발까지 구르며 대답했어요!

"(우렁차게 다 같이) 지금이요!!!"

참고로 수업에 들어갔던 교실마다 교회를 다니는 친구들, 심지어 교회에서 리더 역할을 하고 있는 친구들도 꽤 많았는데 그 친구들도 똑같은 대답을 했어요. 그때 제가 느꼈던 배신감이란…. 그런데 이 일을 통해 여러분이 이렇게나 성에 대해, 연애에 대해 관심이 많다는 걸 새삼 다시 알게 됐어요. 그리고 시간이 지나면서 궁금해졌어요. '이렇게 성에 대해서 궁금한 것이 많은데 이 아이들은 대체 누구에게 이런 이야기를 꺼내 놓을까.'

"여러분은 성, 연애에 대해 궁금증이 생기거나 상담하고 싶을 때 누구를 찾아가나요?"

강의를 할 때마다 친구들에게 물어봐요. 그럼 대부분 이렇게 대답해요.

"친구요!"

"그렇군요. 그럼 혹시 여기에서, 부모님을 찾아가는 친구들은 없나요?"

이렇게 다시 질문을 던지면 갑자기 분위기가 싸~해져요. 어떻게 부모님을 찾아가서 그런 이야기를 할 수 있냐고, 이런 질문을 던지는 것 자체가 말도 안 된다고 저를 비웃는 친구들도 많아요. 생각해 보면 저도 초등학생 때 첫 연애를 시작하고 부모님에게 욕을 먹은 이후로 한 번도 성이나 연애에 대한 이야기를 부모님께 한 적이 없더라고요. 그래서 이런 반응을 보이는 여러분이 정말 이해가 되기는 하지만, 또 한편으로는 이런 현실이 참 안타깝다는 생각이 들었어요.

이미 사고(?)를 치고 나서 저를 찾아오는 친구들의 이야기를 듣다 보면 깜짝 놀랄 때가 참 많아요. 어떻게 그런 생각을 하고 그렇게 행동하게 됐는지 궁금해서 물어보면, 대부분이 주위의 친구들과 상담을 했고 그들의 조언을 따랐을 뿐이라고 대답해요.

여러분 입장에서는 어른들보다 또래 친구들과 대화를 나누는 것이 더 편하고 좋을 거예요. 저도 그랬거든요. 그런데 특별히 성에 관련된 문제에 있어서는 친구들과의 상담도 좋지만 어른들과의 대화를 적극 권하고 싶어요. 그 어른이 부모님이라면 가장 좋겠지만, 혹시 부모님과 대화할 수 없는 상황이라면 믿을 수 있는 교회의 목사님이나 전도사님, 결혼하신 선생님들과 상담해 볼 것을 권유해요.

성 상담을 누구와 하는 것이 얼마나 중요하냐면, 놀랍게도 성경에 이런 이야기가 등장해요. 여러분, 다윗 왕 알죠? 대부분의 친구들이 '다윗' 하면 골리앗과의 전투만 떠올리고 그를 영웅으로만, 신앙이 좋은 위인으로만 생각하는데요. 다윗도 우리처럼 실수가 많은 사람이었답니다.

여기서 저는 다윗 왕과 그의 첫째 아들 암논의 이야기를 함께 나눠 보고 싶어요.

다윗이 왕이 되고 나서 어느 날 늦게까지 잠을 자고 저녁에 일어나서 옥상을 거닐다가 한 장면을 목격하게 돼요. 바로 밧세바라고 하는 이스라엘 장군 우리아의 아내가 목욕하는 모습이었죠. 다윗은 이 모습을 보고 흔들리게 됩니다.

> 저녁때에 다윗이 그의 침상에서 일어나 왕궁 옥상에서 거닐다가 그 곳에서 보니 한 여인이 목욕을 하는데 심히 아름다워 보이는지라(삼하 11:2).

그럼 여기서 잠깐 다윗의 첫째 아들 암논의 이야기를 한번 살펴볼까요? 다윗 왕에게는 여러 명의 부인이 있었는데 암논은 그중에서도 다윗의 첫째 부인인 아히노암의 아들이었어요. 그런데 이런 암논의 마음을 흔들어 놓은 여인이 있었으니! 그녀는 바로 다윗의 또 다른 아내인 마아가의 딸, 다말이었어요. 쉽게 말해서 암논과 다말은 아빠는 같고 엄마는 다른 이복남매 사이였어요. 그런데 암논이 여동생 다말을 너무 사랑한 나머지 상사병에 걸리고 말아요.

> … 다윗의 아들 압살롬에게 아름다운 누이가 있으니 이름은

다말이라 다윗의 다른 아들 암논이 그를 사랑하나 그는 처녀이므로 어찌할 수 없는 줄을 알고 암논이 그의 누이 다말 때문에 울화로 말미암아 병이 되니라(삼하 13:1-2).

자, 다윗과 그의 아들 암논의 이야기를 보니 어떤가요? 좀 이상하죠? 다윗은 이미 남편이 있는 여자를, 암논은 여동생을 좋아하게 됐잖아요. 만약 여러분이 다윗, 암논의 친구라면 이 상황에서 어떤 말을 해 주고 싶어요? 제가 친구였다면 아마 당장 그 마음과 생각을 멈추라고 단호하게 말했을 거예요. 순간의 유혹에 넘어가서 죄를 짓지 않도록 진심을 담아서 충고해 주고, 곁에 머물러서 기도해 줬을 거예요. 그런데 정말 안타깝게도 다윗과 암논의 옆에는 이렇게 말해 주는 사람이 없었어요. 이것의 결과가 얼마나 참혹했는지 한번 볼래요?

다윗은 밧세바가 목욕하는 장면을 보고 당장 사람을 불러 그녀를 자기의 왕궁으로 데리고 왔어요. 그렇게 죄를 저질렀고 밧세바는 다윗의 아이를 가지게 돼요. 다윗은 이것을 숨기기 위해서 밧세바의 남편이 우리아를 참혹하게 죽였어요. 나중에 하나님께서 나단 선지자를 보내어 잘못을 뉘우치게는 하셨지만 밧세바의 아이도 결국 죽게 되지요. 하나님께서 다윗을 직접 죽이진 않으셨지만 이 사건을 통해서 다윗의 집안에는 어려운 일들이 끊임없이 닥치게 돼요.

> 여호와께서 또 이와 같이 이르시기를 보라 내가 너와 네 집에 재앙을 일으키고 내가 네 눈앞에서 네 아내를 빼앗아 네 이웃들에게 주리니 그 사람들이 네 아내들과 더불어 백주에 동침하리라(삼하 12:11).

한편 암논은 여동생 다말 때문에 병이 나고 마음이 괴로운 중에 요나답이라고 하는 친구에게 고민 상담을 하게 돼요. 그런데 이 친구는 아주 간사하고 교활한 사람이었어요(삼하 13:3). 여동생을 사랑하게 됐다고 고민 상담을 하는 암논에게, 요나답은 말도 안 되는 해결책을 제시해요. 그는 다말을 강간할 수 있는 방법을 상세하게 가르쳐 줬고 암논은 친구가 말해 준 방법 그대로, 절대로 해서는 안 될 짓을 하게 되지요. 결국 이후에 암논은 다말의 친오빠인 압살롬에게 처참하게 죽임을 당해요.

다윗과 암논의 결과가 어떤가요? 아주 비참하지요. 만약 다윗 옆에 죽음을 무릅쓰고서라도 "왕이시여! 그것은 잘못된 것입니다. 당장 멈추십시오!"라고 충고해 줄 수 있는 좋은 신하나 스승이 있었다면, 그리고 만약 암논 옆에 교활한 친구 요나답이 아니라 사랑과 진심을 담아서 그를 바르게 이끌어 줄 멘토가 있었다면 결과가 달라지지 않았을까요?

저는 여러분이 이들과 같은 실수를 저지르지 않기를, 잘못된 선택으로 인해 비참한 결과를 경험하지 않기를 진심으로 바라요. 성, 연애에 있어서 고민이나 궁금증이 생겼을 때 절대로 혼자서 끙끙거리거나 혼자 판단하지 마세요. 그리고 친구들에게 생각과 마음을 나누는 것은 좋지만 섣불리 친구들이 제시해 주는 방법을 따르지 마세요. 대신 믿을 수 있는 좋은 어른을 찾아가서 여러분의 마음과 사정을 솔직하게 털어놓으세요.

04
습관적으로 야동, 야한 웹툰을 보는 나, 하나님께서 미워하시겠죠?

서울의 한 남자고등학교에서 근무할 때 있었던 일이에요. 수업을 끝내고 교실 밖으로 나가려는데 한 학생이 쭈뼛쭈뼛 다가와서 상담 요청을 했어요. 수업 시간에 집중도 잘하고 꽤 성적도 좋은, 친구들 사이에서 모범생으로 통하는 학생이었어요. 상담실에서 이야기를 나누려고 마주 앉았는데 그 학생이 제 얼굴을 똑바로 쳐다보지를 못하는 거예요. 분위기가 심상치 않았죠. 한참을 머뭇거리길래 제가 먼저 말을 꺼냈어요.

"민호(가명)야. 무슨 일인지는 모르겠지만 털어놓기 되게 불편한 이야기인가 보다. 아직 준비가 안 됐으면 나중에 네가 준비됐을 때 다시 찾아와도 돼! 기다릴게."

"… 음… 아니에요… 선생님께는 지금 말하고 싶어요."

어렵게 입을 연 민호는 깊은 한숨을 내쉬더니 자기의 이야기를 덤덤하게 하기 시작했어요.

"선생님, 요즘 공부가 잘 안 돼요."

이 말만 듣고 저는 민호가 성적 문제로 고민을 하고 있다고 생각했어요. 그런데 곧 이어서 민호가 꺼낸 이야기는 정말 제가 생각지도 못한 이야기였어요.

"요즘 지나가는 여자들이 전부 그런 여자로 보여요. 그래서 무엇을 하든 집중이 안 돼요."

"그런 여자라니? 무슨 의미야?"

"그… 있잖아요… 야동에 나오는 여자들이요."

알고 보니 민호는 아주 어렸을 때부터 야동 중독에 빠져 있었더라고요. 부모님이 맞벌이를 하시다 보니 혼자 있는 시간이 길어지면서 자연스럽게 야동을 보게 됐대요. 처음에는 호기심으로 시작했지만 점점 빠져들기 시작했고 지금은 습관처럼 보고 있다고 했어요. 하루라도 야동을 보지 않으면 잠을 이루지 못할 정도로 중독이 되어 버려서 이제는 공부하는 것도 힘들고 두렵다고 하더군요. 지나가는 여자들을 보면 자꾸 지난밤에 봤던 영상이 생각난대요. 이러다가는 정말 큰일이 생길 것 같아 무서워서 저를 찾아왔다고 하더군요.

민호의 이야기를 듣는데 정말 가슴이 아팠어요. 단순히 야한 영상에 중독된 철없는 남자 고등학생으로 보이는 것이 아니라, 그 너머에 감춰진 민호의 외로움과 두려움이 보였거든요.

"자! 다들 눈을 한번 감아 보세요! 그리고 솔직하게 대답해 주세요. 이때까지 한 번도 야한 영화나 만화를 본 적이 없는 사람 손들어 보세요!"

일부러 강의할 때마다 짓궂은 질문들을 많이 던지는데요. 이 질문에 몇 명이나 손을 들었을 것 같나요? 실제로 손드는 학생은 거의 없어요. 교회 선생님이나 사역자분들도 손을 안 드시니 어쩜 당연한 결과라고 볼 수 있으려나요.

예전에 교회의 초등부 친구들(3~5학년)을 대상으로 성 강의를 한 적이 있어요. 강의를 다 끝내고 집에 가려는데 10살짜리 남자 친구가 저를 쪼르르 쫓아왔어요.

"목사님! 오늘 강의 잘 들었습니다. 그런데 목사님께서 모르시는 게 있는 것 같아서 제가 하나 가르쳐 드리려고요."

헐.

10살짜리 친구에게 충고라니. 기가 막혔지만 천진난만해 보이는 얼굴이 정말 귀엽기도 하고 무슨 이야기를 하려나 궁금하기도 해서 가던 발걸음을 멈추고 대화를 이어 나갔어요.

"내가 뭘 모르는데? 좀 가르쳐 줄래?"

"목사님! 요즘 누가 컴퓨터로만 그런 거 보나요. 저희는 '이걸'로도 봐요!"

10살짜리 친구가 해맑게 웃으면서 해 준 이야기에 저는 뒤통수를 한 대 세게 얻어맞은 것 같은 기분이 들었어요. 여러분, 그 친구가 말한 '이게' 뭔지 아나요? 바로 VR이에요! 우와. 요즘 친구들이 성문화에 많이 개방적인 것은 알고 있었지만 이 정도일 줄이야. 저는 그래서 이 일 이후로 절대로 초등학생 친구들을 순수하게만 보지 않아요. 이런 현실은 구체적인 통계 자료로도 드러나고 있어요.

우리나라 여성가족부에서는 청소년들(초4~고3)을 대상으로 2년마다 매체이용과 유해환경에 관한 실태조사를 하는데요. 지난 2016년에 나온 자료를 보니 그 결과가 아주 놀라웠어요.

최근 1년 동안 성인용 영상물을 본 적이 있다고 답한 청소년이 41.5%, 성인용 간행물을 본 적이 있다고 답한 청소년은 22.0%래요. 이 수치도 꽤 높은 건데 여기서 더 주목해야 할 점은 성인물 영상과 간행물을 이용한 초등학생(초4~초6)의 비율이 2014년과 비교해 봤을 때 각각 2배, 4배로 늘어났다는 거예요. 초등학생 중에서도 5, 6학년만 한정할 경우 성인용 영상의 이용은 2014년 7.5%에서 2016년 16.1%로, 성인용 간행물 이용은 2014년 2.6%에서 2016년 9.3%으로 증가했다고 해요. 구체적인 이용 경로는 아래의 표를 보면 알 수 있어요.

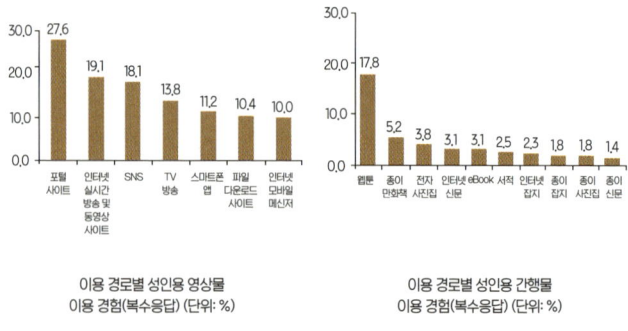

이용 경로별 성인용 영상물
이용 경험(복수응답) (단위: %)

이용 경로별 성인용 간행물
이용 경험(복수응답) (단위: %)

이제는 내가 굳이 찾아서 보려고 하지 않아도 일상생활에서도 쉽게 보게 되잖아요. 저도 아무 생각 없이 핸드폰으로 SNS를 하다가 깜짝 놀랄 때가 많아요. 심지어 인터넷에서 성경과 관련된 내용을 검색했는데도 성인물 광고들이 갑자기 주르륵 떠서 당혹스러울 때가 있거든요. 이제는 우리가 우리의 의지로 끊어내지 않으면 안 되는 시대를 살아가고 있어요.

자, 여러분. 그럼 여기서 한번 진지하게 질문을 던져 볼게요. 왜 사람들이, 특히 어른들이 우리에게 야한 영상이나 웹툰을 보지 말라고 하는 것일까요? 우리는 왜 이것들을 끊어내야 할까요? 제가 얼마 전에 이 질문을 던졌더니 한 초등학생 친구가 이렇게 대답하더라고요.

"어른들이 야동을 보지 말라고 하는 이유는, 우리 빼고 자기들만 좋은 거 보려고요!"

한바탕 웃고 넘어가기는 했지만 참 씁쓸했어요. 제대로 된 이유를 설명해 주지 않고 무조건 보지 말라고 하니까 어린 친구들이 충분히 이렇게 생각할 수도 있겠다는 생각이 들었지요. 반면 중고등학생 친구들에게 같은 질문을 하면 아주 교과서적인 그럴싸한 대답을 해요.

"실제와 많이 다르기 때문입니다!"

"잘못된 성 인식을 심어 주기 때문입니다!"

네, 맞아요. 여러분이 학교에서 배워서 알고 있는 그 이유들이 다 맞아요. 근데 머리로는 너무나도 잘 알고 있지만 실제로 끊어내기가 참 어려운 게 현실이잖아요. 그래서 저는 이제부터 야동, 야한 웹툰을 끊어야 하는 수많은 이유 중에서도 특별히 중요하다고 여겨지는 한 가지 이유를 말하려고 해요.

'사랑'이란?

여러분은 '사랑'을 어떻게 정의하고 있나요? 여러분이 생각하는 사랑은 어떤 모습인가요?

한 포털 사이트의 지식백과 사전을 보면 사랑을 이렇게 정의해요.

'인간의 근원적인 감정으로 인류에게 보편적이며 인격적인 교제, 또는 인격 이외의 가치와의 교제를 가능하게 하는 힘.'[1]

또 어떤 이들은 사랑을 이렇게 정의하기도 해요.

"사랑이란 한 소녀가 향수를 뿌리고, 또한 소년이 애프터 셰이브를 바른 후 만나서 서로의 향기를 맡는 거예요."

"사랑이란 어떤 남자에게 너의 셔츠가 예쁘다고 말했을 때 그가 그 셔츠를 매일 입고 오는 거예요."

그렇다면, 성경은 사랑을 어떻게 정의하고 있을까요?

사랑에 대해 적혀 있는 많은 성경 본문들이 있지만 저는 그중에서도 고린도전서를 이야기하고 싶어요. 고린도전서 13장을 우리는 보통 '사랑장'이라고 불러요. 바울 선생님은 고린도에 살고 있는 사람들에게 진짜 사랑의 의미가 무엇인지 설명해 주기 위해 사랑의 정의에 대해서 아주 구체적으

---

1) 네이버 지식백과 - '사랑'의 정의

로 나열하고 있어요.

> 사랑은 오래 참고 사랑은 온유하며 시기하지 아니하며 사랑은 자랑하지 아니하며 교만하지 아니하며 무례히 행하지 아니하며 자기의 유익을 구하지 아니하며 성내지 아니하며 악한 것을 생각하지 아니하며 불의를 기뻐하지 아니하며 진리와 함께 기뻐하고 모든 것을 참으며 모든 것을 믿으며 모든 것을 바라며 모든 것을 견디느니라 사랑은 언제까지나 떨어지지 아니하되 예언도 폐하고 방언도 그치고 지식도 폐하리라(고전 13:4-8).

우와! 사랑에 대해 이렇게도 많은 이야기를 하고 있다니…. 정말 놀랍죠? 물론 당시 고린도 사람들의 상황을 생각해 보면, 바울 선생님이 단순히 이성 간의 사랑만을 이야기하고 있는 것은 아니지만, 여기에서 저는 이 부분을 집중적으로 다뤄 볼까 해요.

다시 본론으로 돌아와서 왜 하나님은, 성경은, 바울 선생님은 사랑에 대해서 이렇게도 많은 이야기를 하고 있는 걸까요? 그냥 딱 한 줄로, '사랑은 이거야!'라고 간단하게 말해 주면 듣는 사람도 이해하기 쉬울 텐데 말이죠.

저도 여러분이 나이일 때는 이게 이해가 안 됐어요. 사랑에 대해 주저리주저리 길게 말하고 있는 성경이 고리타분하게 느껴지고 매력이 없다고 생각했어요. 오히려 자주 듣는 가요의 사랑 가사가 더 애절하게 다가왔고 제 가슴을 울렸어요. 그런데 제가 나중에 어른이 되고, 결혼을 하고, 엄마가 되고 나니 그제야 이 성경의 말씀이 가슴속 깊이 이해가 되더라고요.

어느 날, 한 친구가 저에게 이런 고민 상담을 한 적이 있어요.

"목사님, 남자친구랑 사귄 지 1년 반이 됐어요. 그런데 요즘은 이 친구랑 손을 잡아도, 껴안아도 설레지가 않아요. 밉거나 싫은 건 아닌데 가슴이 뛰질 않으니 이 친구를 좋아하는 건지 아닌지 저도 잘 모르겠어요."

이 친구는 지금 사랑을 하고 있는 걸까요, 아닌 걸까요?

뭐 제가 모르는 다양한 상황들이 있을 수 있기 때문에 그렇다, 아니다, 딱 잘라서 말할 수는 없지만 이 말은 하고 싶어요. 사랑은 처음에 감정으로 시작하는 게 맞아요. 누군가를 보면 가슴 설레고 자꾸 생각나고…. 이런 감정 변화를 통해 우리는 자신이 사랑에 빠졌다는 것을 알게 되고, 사랑을 시작하게 돼요. 하지만 이런 설레는 감정이 얼마나 지속될까요? 과학자들의 말에 따르면, 사랑에 빠져서 설렘을 느끼게 하는 호르몬의 분비는 3~12개월이면 끝난대요. 헐. 그럼 12개월이 지나서 설레는 감정이 사그라지면 사랑이 끝나는 걸까요?

정답은, "아니에요."

이제부터는 또 다른 형태의 사랑이 시작되는 것이죠. 서로를 더 깊이 이해하고 친밀해지는 단계로 나아가게 되는 거예요. 어른들이 장난처럼 하는 말 중에 "정이 더 무섭다"라는 말이 있죠? 여기서 말하는 '정'이라는 것도 결국에는 사랑이에요. 이때부터는 많은 인내심과 노력이 필요해요. 그래서 저는 고린도전서 13장에서 사랑에 대해 말할 때 가장 먼저 "사랑은 오래참고"라고 시작하는 것이 정말 공감이 되더라고요.

잠시 제 이야기를 들려줄게요.

남편과 저는 사귄 지 한 달도 안 돼서 결혼 이야기를 했고, 5개월 만에 결혼을 했어요. 우와! 엄청난 스피드죠? 그만큼 뜨겁게 사랑했어요. 저에게 헌신적으로 잘해 주는 남편을 바라보면서 '아! 이 남자라면 나를 평생 행복하게 해 줄 것 같다! 이 남자야말로 내 인생의 진짜 사랑인 것 같다!'는 확신을 가지고 조금의 의심도 없이 결혼을 했지요.

단칸방에서 신혼생활을 시작했는데요. 아무것도 없는 작은 방이었지만 얼마나 행복했는지 몰라요. 고기 없이 김치 하나만 놓고 밥을 먹는데도 그렇게 맛있을 수가 없더라고요. 누가 밥 위에 꿀을 쫙~ 짜 놓은 것처럼 달달하기까지 했지요. 그때 저는 '아, 이것이 진짜 사랑이구나! 결혼이구나!' 했어요.

아직 이런 경험이 없는 우리 친구들은 아마도 '결혼'을 떠올리면 이런 달달한 모습을 먼저 떠올릴 거예요. 그런데 반대로 결혼을 한 지 오래되신 부모님들은 제 글을 읽으시고 '풉!' 하고 웃으실 거예요. "그래 좋~을 때다!", "우리도 그땐 그랬어" 하시면서요.

저는 강의를 할 때 부모님들이나 결혼하신 선생님들에게 여쭤봐요.

"어머님, 아버님, 선생님들! 이런 달달한 신혼생활이 얼마나 가던가요?"

그럼 다들 씩 웃으면서 이렇게 대답하세요.

"저는 1년이요!"

"음… 저는 세 달?"

물론 간혹 옆에 배우자 분이 앉아 계신 경우에는 눈치를 보면서 이렇게 대답하시는 분들도 있어요.

"저는 결혼한 지 20년이나 됐는데 지금까지도 달달합니다! 하하!"

저는요. 이 달달함이 딱 한 달 반 가더라고요.

결혼한 지 한 달 반 정도가 지나니까 남편의 단점들이 슬슬 보이기 시작하는 거예요. 양말도 자꾸 거꾸로 벗어 놓고, 치약도 끝에서부터 짜지 않고 중간에서부터 짜고….

그러던 어느 날 저녁, 그날은 김치 하나만 놓지 않고 맛있게 삼겹살도 굽고, 각종 해물을 넣은 된장찌개까지 보글보글 끓여서 상다리가 휘어지도록 진수성찬을 차렸는데 밥맛이 너무 쓴 거예요. 심지어 앞에서 오물오물 밥을 먹고 있는 남편의 얼굴이 너무 미워 보이는 거 있죠? 그런데 그때 제 안에 훅! 하고 두려움이 올라왔어요.

'어 뭐지? 나는 이 사람이 진짜 사랑인 줄 알았는데…. 이 사람과 함께하는 모든 시간이 달달하고 행복할 줄 알았는데…. 나는 왜 이 사람이 미운 거지? 이 사람이 나의 진짜 사랑이 아닌 건가? 그럼 나는 이제 어떻게 해야 하는 거지?'

이날 저는 저녁을 먹다 말고 사랑에 대해서 진지하게 고민하기 시작했어요. 그리고 곧 알게 됐어요. 제가 그동안 생각하고 해 왔던 사랑은 정말 단편적이고 이기적인 사랑이었다는 것을요. 내 심장을 쿵쿵 뛰게 만들고, 나를 웃음 짓게 하고, 나를 만족시키는 사람…. 저도 결혼하기 전까지는 사랑이라는 것을 이런 감정적인 반응이라고만 생각했었어요. 그런데 결혼해 보니 사랑은 정말 많은 노력과 시간, 인내가 필요하더라고요.

여러분! 야동, 야한 웹툰에 대한 이야기를 하다가 제가 왜 갑자기 사랑에 대한 이야기를 꺼냈을까요?

여러분이 그동안 습관적으로 봤던 야동, 야한 웹툰에는 수많은 여자와 남자가 등장했을 텐데요. 그들의 모습이 어떻던가요? 서로 사랑하는 모습이던가요? 그 안에서 표현하고 있는 사랑의 모습은 어떤 모습이던가요?

야동, 야한 웹툰을 그만 봐야 하는 수만 가지의 이유들이 있지만 저는 이 이야기를 꼭 하고 싶어요. 우리가 그런 것들을 보지 말아야 하는 가장 큰 이유는, 바로 사랑의 의미를 왜곡시키기 때문이에요!

야동이나 야한 웹툰은 이렇게 말해요.

"얘들아, 사랑의 정의가 뭔지 아니? 오래 참고, 온유하고? 그딴 거 아니야! 사랑은… 그냥 '쾌락'이야!"

사랑을 너무나도 쉽게 쾌락이라는 것으로 정의해 버려요. '1+1=2'라는 수학 공식처럼, 사랑하면 진한 스킨십과 섹스가 당연히 동반된다는 공식을 여러분에게 세뇌시켜요. 이것은 나중에 여러분이 진심으로 사랑하는 누군가를 만났을 때 그를, 그녀를 진짜로 사랑할 수 없게 만들어 버려요. 사랑에는 다양한 정의와 모습들이 있는데 이것을 완전히 무시하고 사랑을 단순히 감정적인 반응으로만, 쾌락으로만 여기도록 만들어요.

이렇게 모든 것을 성적인 문제로 몰고 가는 태도는 인간관계를, 더 나아가 사회까지 왜곡시킬 수 있어요. 습관적으로 야동 창을 클릭하고, 야한 웹툰의 페이지를 넘기는 시간들이 점점 쌓이면 쌓일수록 진실된 사랑을 하는 것이 힘들어질 거예요. 저는 여러분이 정말 예쁘고 건강한 사랑을 하기를 바라요!

야동 끊기 프로젝트!

야동, 야한 웹툰을 왜 끊어야 하는지 그 이유를 확실하게 알았다면 이제는 마음먹은 것을 행동으로 옮기면 돼요! 지금 당장 컴퓨터 깊숙한 곳에 저장해 놓은 폴더를 삭제하는 거예요! 그런데 이게 참 말은 쉬운데 어려워요. 그렇지요? 많은 친구가 저에게 어려움을 토로하는 부분이 바로 이 지점이에요.

"목사님 말씀을 들으니 야동을 끊어야겠다는 것은 알겠어요. 그런데 며칠이 지나면 또 습관처럼 보게 돼요. 저는 어떡하나요? 저는 이제 구제불능이에요. 하나님도 이런 저를 미워하실 것 같아요."

교회에 열심히 다니는 친구들일수록 더 큰 죄책감을 가

지고 괴로워해요. 이런 이야기를 들을 때마다 얼마나 안타까운지 몰라요. 우선 자세하게 이야기하기 전에 이 부분을 먼저 짚고 넘어가고 싶어요.

여러분! 여러분의 나이 때 야한 영상이나 웹툰, 글에 호기심을 보이는 것 자체가 잘못된 것일까요? 그건 아니에요. 사춘기가 되면 자연스럽게 다양한 신체적 변화를 겪게 되는데 이때 동시에 심리적으로도 많은 변화가 생겨요. 그래서 사춘기를 정서적인 열정기, 육체적인 성숙기라고도 하잖아요. 그렇기 때문에 여러분의 나이에 성적 충동과 호기심이 올라오는 것은 어쩌면 당연한 반응이에요.

제가 여기서 다루고자 하는 부분은 이런 자연스러운 변화에 대한 반응이 아니라 말 그대로 '중독'에 대한 부분이에요. 어쩌다 한 번 보는 것이 아니라 습관적으로, 지속적으로 찾아보고 있다면 여러분은 지금 단순한 호기심을 넘어서 중독에 빠져 있는 거예요.

중독은 뒤에서 조금 더 자세하게 다루기로 하고, 아까 앞에서 저를 찾아왔던 '민호'라는 친구 기억나나요? 일상생활에 지장이 있을 정도로 야동에 빠져 있는 민호와 상담을 하면서 제 고민이 깊어졌어요. 민호처럼 야동 중독으로 힘들어하고 있는 친구들이 분명 더 있을 텐데 내가 선생님으로서 도와줄 수 있는 방법은 없을까….

그래서 고민 끝에 '야동 끊기 프로젝트'를 실시하기로 했어요. 방법은 간단했어요. 야한 생각이 올라올 때마다, 야동이 보고 싶을 때마다, 저에게 연락을 하라고 했죠. 과연 몇 명이 저를 찾았을까요? 놀랍게도 프로젝트를 실시하고 나서 생각보다 훨씬 더 많은 친구들이 연락을 해 왔어요. 일주일에 평균 2~3명의 친구들이 저를 찾았으니까요.

아, 그런데 제가 미처 생각하지 못했던 부분이 있었어요. 보통 여러분이 야동을 대낮에 보지는 않잖아요. 부모님이 모두 잠드신 야심한 밤, 새벽에 혼자 깨어 있을 때 그런 유혹들이 올라온다는 것을 제가 깜빡하고 있었지 뭐예요. 덕분에 제 꿀잠은 날아갔지만 그래도 그 시간에 친구들과 함께 이야기를 나누고, 고민을 들어줄 수 있다는 것이 저에게는 큰 행복이었어요.

저와 상담을 했던 민호도 프로젝트에 참여했었는데요. 고등학교를 졸업한 지 몇 년이 지났는데도 아직 가끔씩 연락이 와요. 정말 감사하게도 민호는 저와 지속적으로 상담하면서 심각한 야동 중독에서 어느 정도 회복이 되었고, 지금은 예쁜 여자친구도 생겨서 아주 잘 지내고 있답니다!

이 정도면 아마 이 글을 읽고 있는 친구들, 특히 부모님들은 엄청 궁금해하실 거예요. 아이들에게 전화가 왔을 때 정혜민 목사는 대체 어떤 말을 해 줬을까? 어떤 솔루션을 제공해 줬을까?

제가 무슨 말을 했느냐 하면요…. 정말 놀랍게도 아~무 말도 안 했어요! 제가 했던 것은 아주 단순했어요. 그냥 그 친구들의 이야기를 들어주고 공감해 줬어요.

친구들이 그 새벽에 저에게 전화하기까지 얼마나 큰 용기가 필요했겠어요. 수치심이 느껴질 수도 있는 상황인데 그것을 극복하고 전화한 거잖아요. 그런데 제가 전화를 받자마자 심각한 목소리로 "그래, 이제 선생님이 시키는 대로 하면 되는 거야. 당장 컴퓨터를 꺼. 그리고 네 안에 있는 음란 마귀가 떠나가도록 두 손을 모으고 선생님과 함께 기도하자!"라고 한다면 친구들의 마음이 어떻겠어요.

저는 가장 먼저, 솔직하게 속마음을 털어놓은 그 큰 용기를 칭찬해 줬어요. 그리고 아무렇지 않게 수다 떨 듯 이야기를 이어갔어요. 때로는 짓궂게 놀리기도 하고요. 또 어떤 때는 함께 애국가를 부르기도 했어요. 1절부터 4절까지 무려 세 번이나 부른 경우도 있었어요. 하하.

이렇게 깔깔거리고 웃으면서 이야기를 나누고 나면 친구들이 저에게 이런 말을 많이 했어요.

"선생님! 이런 얘기는 진짜 어른한테 처음 해 봐요."

"솔직하게 이야기하고 나니까 뭔가 속이 시원해요."

"제가 자꾸 이상한 말을 해서 선생님이 기분 상하실까 봐 걱정했는데 들어주셔서 감사해요."

강하게 압박하지도, 지시하지도 않았는데 저와 지속적으로 연락을 주고받았던 친구들이 점점 변하는 것을 지켜보면서 신기했고 궁금했어요. '어떻게 이것이 가능할까?' 어쩌면 우리가 '중독'에 대해서 잘 몰랐을 수도 있었겠다는 생각이 들었어요.

'중독'이란?

이 책에 중독에 대한 이야기를 다 담을 수는 없어요. 하지만 제가 '기독교중독연구소'에서 청소년 교육위원을 맡으면서 공부하고 연구했던 내용들, 그리고 현장에서 경험한 것들을 바탕으로 중독에 대한 이야기(특별히 아동 중독, 성 중독과 관련된 부분을 위주로)를 쉽고 간략하게 해 볼까 해요.

우리 친구들, 부모님들, 선생님들이 잘 몰랐던 부분일 수도 있는데요. 이번 기회에 중독에 대한 바른 이해를 가지고 우리 친구들은 자기 자신을 진지하게 돌아봤으면 좋겠고, 부모님과 선생님들은 우리 아이들을 더 사랑하는 마음을 가지고 그 해결책을 함께 고민해 봤으면 좋겠어요.

먼저 중독이란 무엇일까요? 중독을 이해하기 위해서 알아야 할 용어들이 몇 가지가 있는데 이번에는 그중에서도 두 가지만 소개해 볼게요. 첫째가 도파민, 둘째가 보상 결핍 증후군이에요. 도파민은 '활력과 행복, 만족감의 신경 전달 물질'이고, 보상 결핍 증후군은 '보상 회로에 작용을 하는 도파민의 부족으로 인해 생기는 증상'이에요. 각종 중독은 도파민이 부족할 때 생기는 보상 결핍 증후군에 속하는 증상들이라고 보면 돼요.

쉽게 말해서, 여러분이 어떤 일을 성취해서 만족감을 느끼거나 행복하고 재미를 느꼈을 때 보상 회로에서 도파민이라는 호르몬이 나오게 되는데, 이것이 부족해지면(보상 결핍 증후군에 걸리면) 중독에 빠질 확률이 높아진다는 거예요. 그

런데 여러분 그것 아세요? 각종 중독에 빠져 있는 청소년들의 현재 비율이 예전 비율과 비교도 안 될 만큼 엄청 높다는 사실을요. 왜 이런 현상이 나타나는 걸까요?

예전에는 우리가 노력한 만큼 결과를 얻기가 쉬웠는데, 지금은 노력에 대한 보상을 제대로 받기가 어려워졌어요. 세상은 불확실하고 자꾸 복잡해져 가는데 그 속에서 경쟁은 더욱 심해지다 보니 1등이 아니면 제대로 된 보상, 칭찬을 받기가 힘들어진 거예요. 더 안타까운 것은 학교, 직장에서 이런 만족을 얻지 못하면 집에서라도 행복을 누려야 하는데 요즘은 깨진 가정들이 급속도로 늘어나면서 그마저도 어려워졌어요. 이런 상황, 시대 속에서 살다 보니 자연스럽게 도파민의 부족이 생길 수밖에 없고 이것이 중독으로까지 이어지게 된 거예요.

그래서 저는 중독을 단순히 도파민 호르몬의 부족으로 인한 의학적 질병으로만, 또는 개인의 의지 부족으로 인한 개인적인 문제로만 보고 싶지 않아요. <u>중독은 결국 '사랑의 부족'으로 인해 생긴 병이라고 생각해요.</u>

이것을 뒷받침해 주는 실험이 하나 있어요. 캐나다의 심리학 교수인 브루스 알렉산더 박사가 한 실험인데요. 20세기 초반, 중독에 대해서 연구할 때 학자들은 동일한 방식으로 연구를 했었어요.

우리에 쥐 한 마리를 넣고 물병 두 개를 넣어 줘요. 한 병은 그냥 물이고 다른 병은 마약이 든 물이었어요. 쥐들은 거의 대부분 마약이 들어 있는 물을 선택했고 빠른 속도로 죽어 나갔어요.

그런데 1970년대에 알렉산더 교수가 이런 연구의 결과들을 살펴보다가 한 가지 의문을 가지게 돼요. '우리는 지금껏 마약을 주는 것 외에는 할 수 있는 일이 없었어! 좀 다르게 실험해 보자!' 교수는 새로운 방법으로 다시 실험을 하기로 했어요.

전에는 우리에 쥐를 한 마리만 넣었는데 이번에는 여러 마리를 넣었어요. 그리고 충분한 양의 치즈와 가지고 놀 수 있는 공들을 넣어 주고 각종 터널도 만들어 줬어요. 쥐들이 마음껏 놀며 짝짓기도 할 수 있는 '쥐 공원'을 만들어 준 거예요! 그리고 여기에 전과 똑같이 물병 두 개를 가져다 놓았어요. 실험의 결과가 어떻게 됐을까요?

놀랍게도 쥐 공원에서는 쥐들이 마약이 든 물을 거의 마시지 않았어요. 충동적으로 복용하거나 남용하는 쥐는 한 마리도 없었어요. 혼자 있을 때는 거의 대부분의 쥐들이 약에 중독됐는데 다른 쥐들과 함께 어울려 살 때는 단 한 마리도 중독되지 않은 거예요.

이 실험의 결과는 사람들 사이에서도 그대로 나타났어

요. 베트남 전쟁에 참여했던 미군 중 20%가 헤로인을 복용하고 있었는데 미국에서 이 사실을 알고 크게 걱정했어요. 전쟁이 끝나면 수십만 명의 약물 중독자들이 다시 고국으로 돌아올 텐데 그럼 분명 사회가 혼란스러워질 거라고 생각했던 거예요.

그런데 정말 아무도 예상치 못한 결과가 나왔어요. 나중에 약물에 중독된 군인들의 뒤를 밟아 보니, 95%의 사람들이 자연스럽게 약물을 끊은 사실이 밝혀진 거예요. 이들은 재활 시설에 들어가지 않고도 금단 증상도 없이 약물을 끊었어요. 베트남에서 외롭게 지내던 군인들이 고국으로 돌아와 가족과 친구들을 만나자 자연스럽게 중독 증상이 사라지게 된 거예요. 쥐 공원 실험 결과와 같지요?

이것을 바라본 네덜란드의 피터 코헨 교수는 중독을 '교류'라고 불러야 한다고까지 말했어요. 인간은 본능적으로 누군가와 관계를 맺고 사랑을 주고받는 존재인데 이것이 채워지지 않으면 다른 것에서 만족감을 얻고 싶어 한다는 것이지요. 저는 이런 근거로 중독이란 관계의 부재, 사랑의 부재로 인한 사회적 문제라고 생각해요.

정신과 전문의자 카이스트 뇌공학 박사이신 이재원 선생님이 쓰신 「중독 그리고 도파민」(짧커뮤니케이션)이라는 책을 보면 중독은 보통 3단계를 거치게 된대요.

뇌 안에는 내가 원하는 것(want)을 추구하는 뇌 회로가 있고 또 내가 좋아하는 것(like)을 추구하는 회로가 있는데, 중독의 1단계에서는 좋아하면서도 원하게 된대요. 'like' 하면서 'want' 하는 것이죠. 이것이 시간이 지나 2단계가 되면 좋아하는 것이 없어지고 원하는 것만 남게 되고, 결국 3단계까지 가게 되면 싫은데도 원하게 된다고 해요. 이것이 바로 중독이라는 거죠.

사랑을 듬뿍 받지 못하면, 칭찬과 인정을 충분히 받지 못하면, 그만큼 마음의 여유가 사라지게 돼요. 그리고 사랑의 결핍으로 뻥 뚫려 버린 그 헛헛한 자리를 빨리 다른 무언가로 채우고 싶어 하죠. 제가 민호를 처음 만났을 때, 그리고 야동 중독에 빠져 있는 많은 친구들과 대화했을 때 은연중에 느꼈던 외로움이 이 아이들의 단순한 감정이 아니었다는 것을 나중에야 알게 됐어요.

서울 중독 심리연구소의 김형근 박사님이 쓰신 책 「성중독의 눈, 음란물 중독의 심리이해」(서울중독심리연구소)를 보면 이 부분에 대한 내용이 아주 자세하게 나와 있어요.

음란물에 중독되어 있는 사람들의 초기 양육 환경을 살펴보면 대부분 이렇게 가정에서 방치된 경험을 가지고 있습니다. 그러면 아이들은 사랑, 인정, 안정감, 그리고 위로를 느끼기 위해 오감 중 시각만을 과도하게 사용하기 시작합니다. 불안과 불쾌감을 견디기 위해 부모로부터 오감이 자극되는 경험이 오지 않는다면 아이는 그저 멀리 떨어져 있는 엄마를 바라볼 수밖에 없기 때문입니다. … 외롭고 공허하고 스트레스를 받을 때마다 음란물을 보는 것은 내 마음에 평정을 찾기 위해 내렸던 어린 시절의 처방전을 다시 사용하는 것이지요.

물론 모든 친구가 이 경우에 해당되는 것은 아니에요. 하지만 대부분의 친구들이 이런 이유 때문에 중독에 빠지게 돼요. 그럼 이제 우리는 어떻게 해야 할까요? 아마 이 부분을 읽으면서 우울해진 친구들도 분명 있을 거예요.

'우리 부모님은 이미 이혼을 하셨는데….'

'우리 부모님은 내가 어떻게 할 수도 없을 만큼 사이가 안 좋으신데….'

'목사님 말이 사실이라면 내가 할 수 있는 게 전혀 없어 보여.'

여러분! 그런데 절대 그렇지 않아요.

내가 왜 자꾸 중독에 빠지는지 알게 됐다면 이제 적극적으로 움직여 보면 되는 거예요! 제가 앞에서 성, 연애에 있어서 궁금증이 생기거나 문제가 생겼을 때 누구를 찾아가라고 했죠? 맞아요! 여러분이 믿을 수 있고 좋아하고 존경하는 어른 멘토! 먼저는 여러분을 지도해 주시는 '결혼하신' 목사님이나 전도사님, 선생님들을 찾아가서 여러분의 이야기를 솔직하게 나눌 수 있으면 좋겠어요. 여러분이 성에 대한 이야기를 솔직하게 나누는 것은 결코 수치스럽거나 잘못된 게 아니에요. 오히려 여러분이 건강하다는 증거예요!

제가 야동 끊기 프로젝트를 하면서 깨닫게 된 것이 하나 있어요.

'아, 우리 친구들은 자신의 이야기를 솔직하게 털어놓고 지혜를 구할 수 있는 좋은 어른을 원하는 거구나.'

혹시 이 책을 읽으시는 분들 중에 부모님, 선생님들이 계시다면 부탁드리고 싶어요. 우리 친구들의 손을 꼭 잡아 주세요. 그리고 그 마음과 상황을 조금이라도 이해해 주고 응원해 주세요. 중독의 늪에서 빠져나오는 방법은 무조건 야단치고 강압적으로 몰아가는 것이 아니에요. 그 아이가 다시 일어나서 걸을 수 있도록 손을 내밀어 주고, 설령 아이가 걷다가 넘어진다 할지라도 다리에 묻은 먼지를 털어내 주고 다시 묵묵히 '동행'해 주

는 거예요.

이 과정은 느리더라도 결코 뒷걸음질 치지 않고 꾸준히 앞으로 나아가는 달팽이와도 같아요. 이것이 주님이 우리에게 가르쳐 주신 사랑이고 진정한 회복의 길이라고 믿어요.

Part 2

두근두근, 너의 사랑을 존중해!

01
데이트, 이렇게 해 보는 건 어떨까?

"오늘부터 1일!"

두. 근. 두. 근.

좋아하는 남자친구, 여자친구와 서로의 마음을 확인하고 나면 그때부터 본격적인 연애가 시작되죠. 자, 그럼 이제 좋아하는 친구와 함께 무엇을 해 볼까요?

맞아요! 바로 데이트!

"여러분은 데이트할 때 주로 무엇을 하나요?"

제가 강의를 할 때마다 던지는 질문들 중 하나인데요. 참 재밌게도 나이와 상관없이 거의 모든 사람의 대답이 같아요.

"밥 먹고, 영화 보고, 카페 가요!"

제 부모님과 비슷한 연령의 어른 분들은 카페 대신 다방을, 초등학생 친구들은 커피 대신 과일 주스를 마신다는 차이 말고는 거의 비슷한 패턴으로 데이트를 한다는 것을 알았어요. 아마 이 글을 보면서 "맞아, 나도 맨날 어디 갈지 고민이었지" 하면서 키득키득 웃는 친구들도 있을 거예요. 또 한편으로는 좋아하는 친구와 함께 시간을 보낸다는 것 자체가 행복한 일인데 왜 굳이 데이트를 고민해야 하나 갸우뚱하는 친구들도 분명 있을 텐데요. 저는 친구들을 만나고 상담하면서 데이트가 얼마나 중요한 부분인지를 알게 됐어요. 그래서 남자친구, 여자친구와 건강하고 행복한 연애를 하고 싶은 여러분과 몇 가지만 나누고 싶어요. 데이트 방법에 대한 구체적인 팁을 가르쳐 준다기보다 데이트를 어떻게 디자인하고 계획할 것인지 함께 생각해 봤으면 좋겠어요.

그 전에 먼저, 우리는 이 질문부터 던져 봐야 해요.

"우리는 왜 데이트를 하는가?"

이 질문에 대한 전문가들의 생각은 여러 가지 책이나 강의에 잘 정리되어 있겠지만, 여기에서 저는 그런 것 말고 진짜 여러분의 생각들을 가지고 한번 정리해 보고 싶어요.

"사귀면 당연히 만나야 하는 거 아니에요?"

"더 알고 싶으니까 데이트하죠."

"보고 싶으니까요. 좋아하면 자꾸 보고 싶잖아요. 그래서 데이트해요!"

그래요. 여러분의 생각이 맞아요! 저마다 표현이 다 달라서 그렇지 이것을 종합해 보면 우리가 데이트를 하는 이유는, 좋아하는 사람과의 관계를 지속시키고 발전시키기 위해서예요. 지금의 이 사랑을 더 단단하게 지켜나가기 위해 필요한 시간인 거죠!

상대방이 무엇을 좋아하고 싫어하는지 살피고, 과거에 어떤 일들을 겪었는지 물어보기도 하고, 지금 기분은 어떤지 또 나에 대한 마음은 어떤지 계속 확인하고…. 데이트 중에 우리는 이런 행동들을 반복하면서 상대를 더 이해하려고 노력해요. 예전에는 내가 먹고 싶은 것, 내가 가고 싶은 곳, 내가 좋아하는 노래만 신경 썼는데 이제는 그(그녀)가 좋아하는 것을 더 신경 쓰게 되죠. 예전에는 누군가에게 내 말만 일방적으로 쏟아냈는데 이제는 자연스럽게 그(그녀)의 말에 귀를 기울이게 되고요.

아마 일부 어른들, 특히 사춘기 자녀를 두신 부모님들은 이 부분을 보고 불쾌감을 느끼실 수도 있을 거예요. 아직 한창 공부할 때인 여러분에게 연애와 데이트를 이야기하는 것이 불편하실 수도 있을 텐데요. 앞에서도 말했다시피 사춘기를 겪는 아동, 청소년들이 사랑의 감정을 느끼는 것은 아주 당연한 반응이고, 건강하다는 증거예요.

서울시내 중·고등학생 2,297명을 대상으로 한 아하청소년성문화센터(2013년)의 실태조사를 보면 여자 중학생의

14.5%(2순위), 남자 중학생의 14.5%(2순위), 여자 고등학생의 11.0%(3순위), 남자 고등학생의 13.5%(2순위)가 '사랑, 데이트'에 대한 내용을 성교육할 때 듣고 싶다고 응답했더라고요. 학년에 상관없이 모두 사랑, 데이트에 높은 관심을 가지고 있었어요. 이제 더 이상 성, 연애, 데이트라는 주제가 성인들만의 주제는 아니라는 것이 증명된 거죠.

실제로 전문가들은 청소년기 이성 교제의 순기능에 대해서 다음과 같이 정리하기도 해요.

① **레크리에이션** : 이성 교제를 하면서 즐거움을 느끼기 때문에 일종의 오락적 역할을 할 수 있다.

② **지위와 성취의 원천** : 이성 교제를 하면서 상대가 차지하는 위치를 평가하고 유사한 지위를 얻을 수 있다.

③ **청소년기 사회화 과정의 일부** : 이성과 어떻게 어울리는지 배울 수 있다.

④ **이성과의 친밀감 경험**

⑤ **성적 탐구** : 성적 실험과 탐구를 위한 연습을 할 수 있다.

⑥ **동료의식 경험** : 이성과 함께 활동하고 상호 작용함으로써 동료 의식을 경험할 수 있다.

⑦ **정체감 형성과 발달** : 이성 교제는 청소년들이 자신의 정체성을 분명히 하고 가족으로부터 독립할 수 있도록 돕는다.[1]

---

1) 이해경·방기연 공저, 「청소년을 위한 성교육과 상담 - 이론과 실제」, 양서원, 2016

자, 여기까지만 읽으면 아마 우리 친구들과 부모님들의 얼굴 표정에 극명한 차이가 나타날 거예요. "이것 봐! 이성 친구 사귀는 것은 나쁜 게 아니라니까!" 하며 당장이라도 이 부분을 펼쳐서 부모님께로 달려가고 싶은 친구들도 있을 테고, "정 목사는 사춘기 자녀들의 연애에 너무 관대한 거 아니야?" 하시며 불편해하는 부모님, 어른들도 계실 거예요. 다시 한 번 분명하게 말씀드리지만, 저는 청소년들의 연애를 찬성하기는 하지만 그렇다고 적극 권장하고 독려하는 입장은 아니에요. 다만 우리 친구들이 어른들의 인정과 보호 아래에서 건강하게 사랑하고 연애하면 좋겠어요.

전문가들이 이성 교제에 대한 순기능을 잘 정리해 놓기는 했지만, 청소년기의 이성 교제가 가져오는 단점도 분명히 있어요. 아마 이 부분 때문에 대부분의 부모님이 자녀들의 이성 교제를 우려하실 텐데요. 우리 친구들도 이 점들을 분명히 알아 두고 부모님의 마음을 이해할 필요가 있어요.

① 시간을 많이 빼앗긴다.
　(인터넷·휴대폰 연락, 데이트, 이성 친구와의 갈등 등으로 인해)
② 공부에 방해가 될 수 있다.
③ 원치 않는 임신의 문제가 생길 수 있다.
④ 데이트 비용이 든다.

연애하고 있는 친구들 중 그 어느 누구도 "난 저렇지 않아! 난 떳떳해!"라고 자신할 수는 없을 거예요. 이렇듯 동전의 양면처럼 청소년기의 연애에는 장점과 단점이 다 있어요. 이 사실을 인정한 채 어느 한쪽만 옳다는 생각은 버리고, 서로 배려하며 이해해 주었으면 좋겠어요.

부모님, 어른들은 우리 자녀들의 연애와 데이트를 존중해 주시면서 아이들이 건강하게 사랑할 수 있도록 멘토가 되어 주세요. 그리고 우리 친구들은 부모님과 어른들의 말씀을 무조건 잔소리로 여기고 흘려 버리는 것이 아니라, 잘못된 연애와 데이트가 여러분의 삶에 어떤 악영향을 끼칠지에 대해서 진지하게 고민하고 자기 자신을 냉철하게 돌아봤으면 좋겠어요.

저는 여러분의 연애와 데이트를 응원하는 어른으로서, 어떻게 하면 예쁘고 건강하게 데이트를 할 수 있을지에 대해 이제부터 나눠 보려고 해요.

데이트 디자인하기!

연애 문제로 저를 찾아오는 제자들 중에는 데이트 문제로 고민하는 친구들이 의외로 상당히 많아요.

"목사님! 데이트를 할 때마다 짜증이 나요. 매번 똑같은 것만 하니까 질려요."

"이제는 나눌 대화거리도 떨어졌어요. 저는 TV를 잘 안 보는데 걔는 맨날 드라마, 연예인 이야기만 해요. 만나면 더 이상 할 얘기가 없어요."

"저는 게임 하는 걸 싫어하는데 걔는 만나기만 하면 PC방에 가자고 해요. 저도 딱히 뭐 할지 생각이 안 나서 따라가긴 하는데 즐겁지가 않아요."

"제 남자친구(여자친구)는 데이트할 때마다 진한 스킨십만 요구해요. 저는 그런 거 말고 뭔가 더 재밌고 유익한 걸 하고 싶은데 걔가 실망할까 봐 거절도 못하겠어요."

"데이트를 할 때마다 돈이 많이 나가서 이제는 만나는 게 두려워요. 며칠 전에 받은 한 달 용돈을 벌써 다 써 버렸어요."

아마 데이트를 해 본 친구들이라면 이런 고민을 한 번쯤은 해 봤을 텐데요. 도대체 뭐가 문제일까요? 그 아이를 정말 좋아해서 사귀게 됐는데 왜 자꾸 데이트를 할 때마다 삐

걱거리게 되는 걸까요? 만약 위와 같은 고민을 하고 있는 친구들이 있다면 지금부터라도 당장 데이트를 디자인해야 해요.

'데이트를 디자인한다!' 이런 얘기 들어본 적 있어요? 만나서 밥 먹고, 영화 보고, 카페 가고, 특별한 날 이벤트 준비하는 것 말고는 데이트에 대해서 진지하게 고민해 본 친구들이 아마 거의 없을 거예요. 그런데 이 과정은 여러분의 건강한 이성 교제를 위해서 정말로 중요해요! 사람이라면 누구나 반복되는 일상에 지치기 마련이에요. 아무리 처음이 좋았다 할지라도 그 일상이 한 달, 두 달, 일 년, 이 년 반복되다 보면 지루하고 짜증이 날 수 있죠. 데이트도 마찬가지예요. 처음에는 "난 너만 있으면 다 좋아!" 하면서 하루 종일 수다 떠는 것이 가능할지 몰라도 시간이 지나면 점점 어려워져요.

제가 앞에서 사랑에 대해 이야기했던 부분이 기억나요? 사랑에는 시간과 노력이 필요해요. 마찬가지로 데이트를 할 때에도 노력이 필요하지요. 그래서 저는 여러분에게 '데이드 마인드맵'을 작성해 볼 것을 추천해요. 사귀는 친구와 마주 앉아서 각자가 좋아하는 것들(예를 들어, 볼링이나 당구와 같은 스포츠 즐기기, 맛집 탐방하기, 핵인싸들만 가는 카페 투어하기, 박물관이나 미술관 견학하기 등)을 생각나는 대로 써 놓고 장소와 날짜, 시간을 맞춰 보는 거죠. 이런 과정이 왜 필요하냐고요? 데이트를 계획할 때 그냥 말로만 "이거 할까? 저거 할까?" 하는 것보다 함께 머리를 맞대고 눈을 마주 보면서 서로의 관심사를 살피고 결정하는 것이 훨씬 더 데이트를 풍요롭게 하거든요!

저를 찾아와서 상담했던 제자들 중에도 이렇게 데이트 마인드맵을 작성한 커플들이 있었어요. 한 고등학생 커플은 처음에 제가 이것을 숙제로 내 줬더니 입이 삐죽 튀어 나왔더라고요. 귀찮게 이런 걸 왜 하냐고, 이렇게 하면 뭐가 좋으냐고 묻길래 일단 한번 해 보라고 말하고는 돌려보냈죠. 그로부터 일주일 정도 지났을까요. 이 커플이 신이 난 얼굴로 저를 찾아왔어요.

"목사님! 대~~~~~박!"

그들은 저를 보자마자, 지난 일주일 동안 데이트를 하면서 있었던 일들을 하나씩 말해 줬어요. 제가 숙제를 내 준 날, 바로 카페로 가서 두 시간 동안 대화를 나눴대요. 참고로 이 커플의 문제는 남자친구가 귀차니즘에 빠져 있는 바람에 여자친구가 처음부터 끝까지 데이트를

계획해야 했다는 것이었죠. 그러다 보니 항상 서로에게 불만을 품을 수밖에 없었어요. 그런데 목사님이 숙제를 내 줬으니 안 할 수는 없고…. 다이어리를 꺼내서 쓱쓱 적기 시작했다네요. 그렇게 대화하고 하나씩 써 내려가다가 깨닫게 됐대요.

'아, 내가 정말 너를 몰랐구나. 그동안 너를 너무 배려하지 않았구나.'

그날 서로에게 진심으로 사과를 하고 며칠 뒤에 작성한 마인드맵을 가지고 데이트를 하게 됐는데 처음으로 그 데이트가 만족스러웠다는 거예요. 이 커플은 지금도 열심히 데이트 마인드맵을 작성하고 있어요. 이제는 단순히 맛집 탐방, 카페 투어를 넘어서서 방학 때 함께 연탄 봉사활동도 하고, 청소년 서포터즈도 도전하고, 서점 데이트도 하면서 아주 멋지게 데이트를 즐기고 있답니다!

"데이트 마인드맵을 작성해 보니 어떤 게 좋았어?"

"무엇보다 서로를 존중할 수 있는 훈련을 할 수 있었어요. 대화도 훨씬 많아졌고요. 전보다 더 재밌고 만족스럽고 의미 있는 데이트를 할 수 있게 됐어요."

"전 그냥… (씨익 웃으며) 얘가 더 좋아졌어요!"

데이트의 4가지 필수 요소(D.A.T.E)

이 외에도 데이트를 할 때 고려해야 하는 필수 요소들이 있어요! 조금 더 엄밀히 말하자면 데이트에만 해당하는 것이 아니라, 우리가 사랑하고 연애할 때 전반적으로 필요한 부분들이라고 할 수 있어요. '데이트(DATE)'의 영어 글자를 따서 4가지로 정리해 봤는데요. 제가 지금부터 소개할 내용들은 여러분이 성인이 돼서 사랑을 하고 데이트를 할 때도 잊어서는 안 되는 부분이에요.

① D(Discussion) : 논의, 상의

우리가 사랑을 하고 연애를 할 때 놓쳐서는 안 될 첫째 요소가 바로 '논의와 상의하기'예요. 그렇다면 누구와 논의하고 상의하면 좋을까요?

먼저는 성, 연애, 데이트에 대해서 솔직하게 질문할 수 있고 조언해 줄 수 있는 좋은 멘토예요. 이 부분에 대한 내용은 앞장에서 자세하게 설명했으니까 생략하기로 할게요.

그다음은 바로 연애하고 있는 당사자들 간의 상의예요. "여러분은 데이트할 때 얼마나 많은 대화를 하세요? 어떤 대화를 하세요?"라고 질문하면 대부분 쭈뼛쭈뼛하면서 대답을 잘 못하더라고요.

"오빠~오빠~! 오늘 혜민이가 너무너무 힘들었쪄요. 누구 때문에 정말 속상햇쪄요."

"오구오구. 우리 혜민이 그랬쪄. 오빠한테 기대렴. 오빠가 토닥토닥 해 줄게. 우쭈쭈."

꿀이 뚝뚝 떨어지는 사랑이 넘치는 대화지요. 물론 이렇게 일상을 나누고 서로 웃을 수 있는 대화도 좋기는 하지만, 이런 대화에는 분명 한계가 있어요. 저는 그래서 대화를 할 때도 훈련이 필요하다고 생각해요. 훈련이라는 말만 들으면 겁부터 먹을 텐데요. 절대로 거창한 게 아니에요. 대화의 주제들을 함께 정하고 그 주제 안에서 서로의 의견을 나누면서 상의해 보는 거죠. 제가 앞에서 소개했던 '데이트 마인드맵'을 작성하는 과정도 이것의 좋은 예라고 볼 수 있어요.

사귀는 사이에서 나눌 수 있는 대화의 주제들은 정말 다양해요. 그런데 저는 그중에서도 여러분이 꼭 놓쳐서는 안 되는 주제를 소개하고 싶어요. 바로 '성(性), 스킨십'이에요! 이 주제에 대한 이야기는 뒤에서 더 자세하게 다루도록 할게요. 아무튼 사귀는 사이라면 이 부분에 대해서도 솔직하게 나눌 수 있어야 해요. 부끄럽다고 이 부분에 대한 이야기를 하지 않으면 나중에 치명적인 실수를 할 수도 있고 이 문제 때문에 상처를 받을 수도 있어요.

아까 앞에서 이성 교제의 순기능을 읽어 봤죠? 특별히 여러분의 시기에 이성 교제를 하는 것은 단순히 연애하는 것을 넘어서, 사회성을 기르고 정체성을 확립하는 부분도 있기 때문에 서로 의견을 나누고 조율해 가는 이런 대화의 과정이 정말로 중요해요.

② A(Advance) : 진보(정도, 수준 등이 나아짐)

둘째로 필요한 요소는 바로 '진보'예요. '데이트를 하는 데 왜 갑자기 생뚱맞게 진보?'라고 생각하는 친구들이 많을 텐데요. 아까 앞에 잠시 나왔던 '이성 교제의 단점' 부분이 기억나나요? 여러분이 이성 교제를 할 때 부모님, 어른들이 크게 걱정하는 부분이 뭐였죠? 맞아요! 여러분이 데이트에 시간을 너무 많이 뺏겨서 공부도 제대로 하지 않고 성적이 떨어질까 봐, 또 무분별한 스킨십과 성관계로 원치 않는 임신을 하게 될까 봐 걱정하시는 거잖아요. 지나친 간섭과 과한 걱정이라고, 잔소리 좀 그만하라고 무조건 귀를 닫아 버릴 게 아니라 어른들의 입장에서도 한번 생각해 봤으면 좋겠어요.

가슴에 손을 얹고 자신의 모습에 대해서 아주 솔직하고 냉정하게 판단해 볼 필요가 있어요. "나는 연애를 하면서도 자기관리(학업, 학교에서의 생활, 가족과의 관계, 다른 친구들과의 관계, 스킨십의 문제 등)를 아주 잘했다!"라고 자신 있게 말할 수 있나요? 만약 이 중에 하나라도 마음에 걸린다면 지금 당장 나의 연애를 점검해 봐야 해요. 저는 여러분이 부모님, 어른들의 인정과 보호를 받으면서 건강하고 예쁘게 연애를 했으면 좋겠어요. 그러기 위해서는 우리의 삶에 '진보(정도, 수준 등이 나아짐)'가 있어야 해요.

<u>지금 하고 있는 연애가 건강한지 그렇지 않은지를 판단하는 가장 쉽고 빠른 방법은, 연애하기 전의 내 모습과 후의 내 모습을 비교해 보는 거예요.</u> 예를 들어 성적에는 어떤 변화가 있었는지, 가족과의 관계나 친구들과의 관계는 어떻게 변했는지 등을 아주 구체적으로 살펴보는 거예요.

그래서 저는 여러분이 연애 성적표를 한번 작성해 봤으면 좋겠어요. 내가 전보다 어떤 부분이 성장했는지, 또 어떤 부분이 부족했는지를 냉정하게 판단해 보는 거죠. 건강한 관계(연애)란, 어느 한쪽만 잘되고 성장하는 것이 아니라 두 사람이 모두 자기의 삶을 잘 가꾸고 성장하는 모습을 보이는 거예요.

그렇다면 어떻게 해야 두 사람이 모두 '진보'할 수 있을까요? 성장할 수 있을까요?

③ T(Temperance) : 절제, 자제

그래서 셋째로 필요한 요소가 바로 '절제와 자제'예요. 연애를 하게 되면 그냥, 마냥 너무 좋죠. 매일 보고 싶고, 아무것도 안 하고 그 아이와 둘이서 놀고 싶잖아요. 때로는 할 일들이 엄청 쌓였는데도, 그(그녀)가 너무 보고 싶어서 무턱대고 그 아이의 집으로 달려갈 때도 있죠.

저도 여러분의 나이 때 이랬던 적이 많아서 그 마음을 충분히 이해해요. 하지만 여기에는 분명한 규칙과 절제가 있어야 해요.

오랫동안 짝사랑하던 오빠가 있었어요. 교회에서 기도할 때마다 그 오빠를 바라보며 '하나님! 저 오빠를 저에게 주세요!'라고 말도 안 되는 기도도 했었죠. 그러던 어느 날, 제 짝사랑이 열매를 맺게 됐어요. 그 오빠가 제 마음을 받아 준 거예요! 얼마나 기뻤는지 몰라요. 이날부터 제 모든 삶은 오빠에게 맞춰졌어요. 학교 숙제를 하다가도, 학원에 있다가도, 오빠가 보자고 하면 다 스톱하고 나갔죠. 이후로 내 삶은 점점 변하기 시작했어요. 오빠를 만나는 시간은 정말 좋았지만, 성적이 곤두박질치기 시작했어요. 꼬박꼬박 해 가던 숙제도 하지 않아서 선생님께 혼나기 일쑤였고 친하게 지내던 친구들과도 점점 멀어졌어요. 성적도 떨어지는데다 데이트한다고 집에 늦게 들어

가니 부모님께도 자주 혼났어요. 그래도 오빠만 있으면 상관없다고 생각했는데 요즘은 오빠랑도 자주 싸우게 되네요. 오빠랑 헤어지면 저는 외톨이가 될 것 같아요. 지금의 제 모습이 뭔가 잘못된 것 같긴 한데 어디서부터 고쳐야 할지 도무지 모르겠어요.

이 사연을 읽으니 어떤 생각이 드나요? '어! 나랑 비슷해!' 하며 감정이입이 됐던 부분들도 분명 있었을 거예요.

여러분은 지금 인생에 있어서 아주 중요한 시간을 보내고 있어요. 앞으로 어떤 분야에서 어떤 일을 하며 살아갈 것인지, 미래를 탐색하고 준비하는 과정 한가운데 있거든요. 사랑하고 연애하고 데이트하는 것도 인생에 있어서 중요한 일이지만, 이것이 여러분의 인생 '전부'를 좌지우지하도록 내버려 둬서는 안 돼요. 그러기 위해서는 여러분의 시간, 감정, 욕구를 절제하면서 여러분의 삶을 차근차근 디자인해야 해요. 이것은 혼자만의 힘으로는 안 돼요. 그래서 저는, 사귀는 친구와 규칙을 만들어 볼 것을 제안해요.

예를 들어,

① *시험기간 일주일 전에는 만나는 횟수 줄이기!* (아예 안 보는 것은 가혹하니 목요일 저녁밥은 같이! 단 6시~7시 반 사이로, 시간 엄수!)

② *토요일 저녁은 서로 가족과 함께 시간 보내기!* (가족들이랑 함께하는 인증 샷 보내 주기!)

③ *서로의 시간 존중해 주기!*

(숙제할 시간, 학원에 있는 시간에는 연락 안 준다고 삐지지 않기!)

이렇게 작고 소소한 규칙들을 만들어서 서로의 시간도 존중해 주고, 내 생활의 패턴도 무너지지 않도록 지켜나가는 것이지요. 이런 약속들이 점점 쌓이다 보면 전보다 더 건강하고 예쁘게 연애할 수 있을 거예요! (스킨십에 대한 절제는 뒤에서 다루도록 할게요!)

④ E(Evangel) : 복음

마지막으로 필요한 요소는 바로 '복음'이에요. 앞의 세 가지 요소를 다 갖췄다 할지라도 이것을 놓쳐 버린다면 아무 소용이 없어요.

데이트는, 연애는, 너와 나 둘이서만 하는 게 아니라 '너, 나 그리고 하나님'과 함께하는 것이라는 사실을 잊어서는 안 돼요. 제가 제일 처음에 그런 말을 했었죠? 우리가 이성 친구를 만나서 연애하는 것도 결국에는 믿음에 관한 것이라고, 신앙 생활이라고. 저는 여러분의 사랑이 하나님을 믿는 믿음 안에서 더 아름답게 열매를 맺었으면 좋겠어요.

하나님 안에서 건강하게 사귄다는 것은, 두 사람이 찰떡처럼 착! 하고 붙어서 서로에게 매여 있는 관계를 뜻하는 게 아니에요. 두 사람은 하나님이 세워 주신 각자의 삶의 자리, 영역에서 최선을 다해야 해요.

아무리 친밀하고 가까운 사이라 해도 두 사람 사이의 적절한 거리, 자기만의 공간이 없으면 그 관계는 결국 쉽게 무너져 버려요. <u>자기의 자리에서 진실로 하나님을 예배하는 두 사람이 만나, 함께 손을 잡고 나아가는 것이 진짜 건강한 커플의 모습이에요!</u> 하나님은 이런 만남을, 이런 모습을 기뻐하세요.

교회 안에서 사귈 때는?

"목사님! 중등부 여동생이랑 사귀었다가 얼마 전에 깨졌는데 교회 가면 자꾸 마주치니까 어색해요. 그래서 교회를 옮겨야 할 것 같아요." -○○교회 중3 남학생

"우리 청소년부에 공식 커플이 있는데요. 맨날 둘이 붙어 앉

아서 예배드리다가 어떤 날은 싸웠는지 따로 떨어져 앉아요. 그럼 보는 저희가 불편해 죽겠어요. 근데요. 다음 주가 되면 또 언제 그랬냐는 듯 웃으면서 같이 앉아요. 어휴…." -△△교회 고1 여학생

"기도하려고 교회 기도실 문을 열었는데, 아 글쎄… 우리 교회 중등부 남녀 애가 거기 둘이 떡 하니 있지 뭐예요. 제가 다 민망했다니까요." -☆☆교회 권사님

"어느 날 부터인가 애들이 단체로 교회에 안 나오기 시작하는 거예요. 왜 그런가 해서 알아봤더니 사귀던 한 커플이 깨지자, 서로 편 가르기를 해서 싸움이 일어났더라고요. 전 그 아이들이 서로 사귀는 사이인 줄도 몰랐어요. 이 아이들을 어떻게 다시 교회로 인도할 수 있을까요?" -ㅁㅁ교회 중등부 담당 전도사님

교회에서 한 번쯤 경험해 봤을 이야기들이죠. 전국에 있는 교회들을 돌아다니며 설교, 강의를 하다 보니 정말 다양한 친구들을 만나게 되는데요. 한눈에 봐도 '아, 저 둘이 사귀는구나!' 하고 짐작되는 커플이 있어요. 이런 커플들은 몇 가지 특징을 보여요. 우선 교회에 들어올 때부터 같이 들어와요. 대놓고 손을 잡고 있지는 않지만 이미 둘 사이에 흐르는 묘한 기류가 느껴지죠. 그리고 자연스럽게 서로 옆자리에 앉아요. 그것도 딱 붙어서! 찬양이 시작되고 목사님의 말씀이 이어지지만 둘은 앞을 잘 보지 않아요. 대신 옆자리에

앉은 상대의 눈을 힐끔힐끔 쳐다보면서 뭐가 그리 재밌는지 자꾸 미소를 지어요.

저는 이런 커플들을 볼 때면 이 분야의 강사로서 한편으로는 예쁘기도 하지만, 또 한편으로는 안타까워요. 분명 교회 안에는 그들 이외에도 사귀는 커플들이 많이 있을 텐데 그들을 위한 교육이 제대로 이뤄지지 않은 것 같다는 생각이 들거든요. 그렇다면 교회 안에서 이성 교제를 시작하게 됐을 때 우리는 어떻게 해야 할까요?

가장 먼저는, 여러분의 담당 전도사님, 목사님을 찾아가서 여러분의 연애 사실을 알리세요. 서로 좋은 마음을 가지고 교제를 시작하게 됐다고, 앞으로 우리 커플의 좋은 멘토가 되어 달라고 요청하세요. 그리고 이후로 연애를 하면서 힘든 일이 생기거나 고민이 생길 때 전도사님, 목사님을 찾아가서 적극적으로 상담요청을 하세요. 특별히 교회 안에서 사귈 때는 공동체 전체를 위해서라도 담당 사역자에게 교제 사실을 알리는 게 좋아요.

전도사님, 목사님께 말씀드렸다면 이제부터는 여러분이 공동체를 배려해 줘야 해요. 교회는 우리 커플만 있는 게 아니잖아요. 하나님을 예배하기 위해서 많은 친구들이 모여 있는데 이곳에서 일부러 더 티를 낼 필요는 없어요. 밖에서는 둘이 손잡고 같이 앉는다 할지라도 교회에서는 조금만

참아 주세요. 두 사람의 사이가 좋을 때는 주위 친구들도 신경을 안 쓰지만, 만약 두 사람이 싸우게 된다면, 그래서 맨날 같이 앉던 두 사람이 어느 날 떨어져 앉는다면 그 날 예배 분위기가 어떻게 될까요. 아마 주위 친구들이 여러분 커플 때문에 계속 눈치를 보느라 예배에 집중하지 못할 거예요.

이런 상황을 방지하기 위해서라도 일부러 떨어져 앉고, 되도록이면 같은 공간(특히 밀폐된 공간)에 둘이 있지 말고 연인 사이임을 티 내지 않기를 바라요. 이렇게 하다 보면 두 사람도 각자 하나님 앞에서 온전히 예배드릴 수 있을 거예요. '너와 내'가 하나님과 가까워지면 가까워질수록 '우리'의 관계도 더 좋아진다는 사실! 바로 이것이 교회 안에서 여러분의 사랑을 지키면서도 다른 사람들을 배려할 수 있는 좋은 방법이에요.

02
스킨십, 이렇게 해 보는 건 어떨까?

한 달, 두 달…

연애 기간이 어느 정도 지나고 나면 이제 슬슬 서로에게 익숙해져요. 이쯤 되면 저 친구가 무엇을 좋아하는지, 싫어하는지 정도는 거뜬히 꿰뚫고 있죠. 그런데 그 익숙함이 지루함으로 다가올 때가 있어요. 처음보다는 편해졌지만 처음 만났을 때처럼 가슴이 쿵쾅거리거나 더 이상 설레지 않는 거예요. 이런 시간을 마주하게 되면, 우리는 관계에 있어 뭔가 더 새로운 것을, 가슴 뛰는 것을 찾고자 해요. 그리고 곧 이런 생각을 하게 되죠.

'우리… 진도 좀 나가 볼까?'

물론 저도 이제는 더 이상 스킨십의 문제가, 사귀고 난 이후의 문제만은 아니란 것을 알아요. 선 스킨십 후에 사귀는 경우도 있고, 스킨십은 있지만 사귀지 않는 경우도 있더라고요. 이렇게 정말 많은 친구들이 스킨십에 대해 자유롭게 생각한다는 것을 알게 됐어요. 그래서 어쩌면 지금부터 제가 하는 말이, 이런 여러분에게 불편하게 다가갈지도 모르겠어요. 하지만 인내심을 가지고 끝까지 봐 주세요. 여러분에게 정말 하고 싶은 말들이 있거든요.

"여러분은 스킨십의 범위가 어디까지라고 생각하세요?"

교회 현장에서 이렇게 물어보면 많은 목사님, 전도사님, 선생님들이 확신에 찬 눈빛으로 저에게 이렇게 말씀하세요.

"네! 손까지만 가능하다고 생각합니다!"

"포옹하는 것까지는 가능하다고 생각합니다!"

얼마 전에 갔던 한 교회의 부장님은 이렇게 말씀하시더라고요.

"음… 적절한 스킨십의 범위는…!! 남녀 간에 1m 거리를 두는 것입니다!"

그럼 우리 친구들은, 이렇게 대답하시는 사역자나 선생님들을 바라보면서 알 수 없는 미묘한 미소를 지어요. 저도 처음에는 이 미소의 의미를 잘 알지 못했어요. 그런데 학교에서 친구들을 만나면서 이 미소의 의미가 무엇인지 단번에 알게 됐어요.

"얘들아! 너희는 스킨십의 범위가 어디까지라고 생각하니?"

학교에서 똑같은 질문을 던졌어요. 그랬더니 친구들의

반응이 기가 막혔어요.

"에이 선생님~! 그걸 질문이라고 하세요? 스킨십에 범위가 어디 있어요! 사랑하면 끝까지 가는 거죠!"

교회에서는 조용히 아무 말 하지 않고 미소만 짓던 친구들이 학교에서는 180도 바뀌어서 이런 대답을 하는 것을 보며 여러분을 다시 바라보게 됐어요. 그래서 이제는 교회에서 여러분이 하는 말을 '그대로' 믿지 않기로 했답니다.

솔직히 저도 예전에는 친구들이 물어보면 "손까지만 잡아!"라고 했어요. 되도록이면 포옹하는 것도 자제하고, 뽀뽀는 아주 위험하니 그런 상황이 닥칠 것 같으면 무조건 떨어져 있으라고 했어요. 이렇게 말할 때마다 제자들은 참 착하게도 "네! 그렇게 할게요!"라고 대답하더라고요. 그래서 저도 그런 줄 알았어요. 그럴 거라고 믿었어요.

그런데 시간이 지나면서 점점 모든 것이 제 착각이었다는 것을 알게 됐어요. 착하게 고개를 끄덕이던 제자들은 뒤에서 사고를 치고 본인이 수습할 수 없는 상황이 되자 도와달라고 저를 찾아오기 시작했어요. 정말 멘붕의 연속이었죠. 그런데 안타깝게도 이것이 현실이었어요.

질병관리본부의 '2016 청소년건강행태온라인조사'(청소년 68,043명 대상)에 따르면, 청소년 100명 중 5명이 성 경험이 있는 것으로 나타났대요. 남자 청소년(7%)의 성 경험 비율이 여자 청소년(2.8%)보다 높았으며, 남자 고등학생의 경우에는 전체의 10%가 성관계를 했다더라고요. 처음 성관계를 한 나이는 평균 만 13.1세로, 2011년 때 조사했던 13.6세보다 더 어려졌어요. 청소년들의 평균 성관계 연령이 점차 낮아지고 있는 거죠.

이런 현실 속에서 단순히 "손만 잡아! 포옹은 안 돼!"라고 선을 긋는 것은 아무런 도움이 안 된다는 것을 절실히 깨닫게 됐어요. 하지만 그렇다고 해서 괜찮다고 무조건 동의해 주는 것은, 말로는 여러분을 존중하고 사랑한다고 하지만 어른으로서 여러분을 보호해 줘야 할 의무를 저버리고 방치하는 것과 다르지 않아요.

'스킨십은 서로가 책임질 수 있는 범위 안에서 하면 된다!'라는 말을 많이 들어봤을 텐데요. 저는 솔직히 이 말을 들을 때마다 고개를 갸우뚱하게 돼요. '책임질 수 있는 범위'란 구체적으로 어떤 범위를 뜻하는 것일까요? 여러분 중 그 누구도 내가 책임질 수 없는 범위까지 나가고 싶지는 않잖아요. 내 나름대로는 조심한다고 했고, 또 이 정도는 내가 충분히 책임질 수 있을 거라고 생각했는데 막상 와 보니 내가 책임질 수 없다는 것을 알게 돼서 겁이 나는 거잖아요. 또는 나도 모르게 여기까지 와 버린 거잖아요.

그래서 저는 적어도 아동, 청소년들에게는 '서로가 책임질 수 있는 범위 안에서 스킨십을 하라'는 말을 하지 않았으면 좋겠어요. 어른들이 듣기에도 이 말에는 모호한 부분이 많기 때문이에요.

이러한 이유로, 현실을 고려하면서도 여러분을 지켜 줄 수 있는 분명한 기준이 필요하겠다는 생각을 하게 됐어요. 그래서 저는 스킨십에 대한 기준을 이 두 가지로 한번 정리해 봤어요. 이 중 어느 한 가지만 만족시키는 것이 아니라, 두 가지 모두를 만족시키는 범위 안에서 스킨십을 했으면 좋겠어요.

1. 성욕이 일어나기 전까지!
2. 많은 사람들이 있는 곳에서 할 수 있는 정도까지!

여러분, '성욕'이란 무엇일까요? 넓은 의미에서 성욕은, 육체적으로 접촉하고 싶은 욕구뿐 아니라 이성에 대한 관심과 더불어 이성과 사귀고 싶어 하는 것까지 다 포함하고 있어요. 그런데 여기서 제가 말하고 싶은 의미는 보다 더 구체적으로, 성적 자극을 받게 됐을 때 일어나는 성적 욕망을 가리키는 거예요. 더 쉽게 말해서, 내가 성적 흥분을 느끼게 되는 지점을 뜻해요.

성욕은 각 개인에 따라, 상대가 누구냐에 따라, 또 시기에 따라서도(여자 친구들의 경우에는 생리 주기에 따라서도) 달라질 수 있어요. 간혹 어떤 친구들은 남자들이 여자들보다 더 성욕이 강하다고 말하는데 이건 틀린 말이에요. 남자, 여자의 성욕 차이는 없어요. 단지 성 욕구가 강하게 나타나는 시기가 다를 뿐이죠.

아무튼 우리가 스킨십을 할 때 첫째로 체크해 봐야 할 부분이 바로 성욕이에요. 저와 상담하고 있는 어떤 친구는 여자친구와 손만 잡아도 흥분이 된다고 하더라고요. 그래서 제가 이렇게 말해 줬어요.

"넌 당분간 손잡는 것도 조심했으면 좋겠어."

헐. 제가 너무 심했다고요? 그건 여러분이 스킨십이 가지고 있는 특징을 잘 몰라서 그래요. 우리는 보통 '스킨십의 1단계는 손, 2단계는 포옹, 3단계는 뽀뽀' 이렇게 생각하는데 이건 틀린 거예요. 만약 성욕이 훅! 하고 올라왔는데 이를 제어하지 않으면 가운데 단계를 다 생략하고 끝까지 갈 수 있는 게 스킨십의 특징이에요. 그래서 우리는 내가 어느 지점까지 허용할 수 있는지, 참을 수 있는지를 계속 체크해 봐야 해요.

그런데 스킨십의 문제는 절대로 혼자서 해결할 수가 없어요. 사귀고 있는 친구와 함께 이 부분에 대해서 '솔직하게' 대화하면서 서로 지킬 수 있는 지점에 대해 '자주' 상의해야 해요. 아까 제가 앞에서, 데이트의 필수 요소 네 가지(Discussion-상의, Advance-진보, Temperance-절제, Evangel-복음)에 대해서 소개했던 것 기억하죠? 스킨십에 대한 주제를 놓고 사귀는 친구와 상의하고 대화 나누는 것('D')은 결코 부끄럽거나 수치스러운 것이 아니에요.

성욕이 올라오는 것은 그 자체로 죄가 아니에요. 식욕, 수면욕처럼 자연스러운 것이죠. 하지만 과한 식욕, 과한 수면욕이 우리의 건강을 해치는 것처럼, 성욕을 절제하지 않는 것 또한 잘못된 거예요. 남자친구, 여자친구와 함께 더 솔직하게, 더 자주 이 주제에 대해서 이야기 나누고 둘만의 규칙을 만들어 보세요.

03
아슬아슬한 순간, 어떤 지혜가 필요할까?

성, 스킨십에 대해서 솔직하게 이야기를 나누고 둘만의 규칙을 만들었다고 해서 아슬아슬한 순간이 아예 오지 않을까요? 유혹의 순간이 전혀 닥치지 않을까요? 그건 아니에요. 하지만 이런 순간이 닥쳤을 때, 평소에 이 주제로 대화를 나눈 커플과 그렇지 않은 커플 사이에는 확실한 차이가 나타나요. 그래서 저는 이번 장에서 커플들이 반드시 나눠야 할 아주 현실적인 대화의 주제들을 몇 가지 안내하려고 해요.

그런데 그 전에 한 번 더 강조하고 싶어요. 이것은 결코 여러분이 십 대이기 때문에만, 미성년이기 때문에만 하는 말이 아니에요. 여러분이 성인이 되어서도 반드시 이 부분을 기억했으면 좋겠어요.

'동의'한다는 것의 의미

여러분은 '동의'의 의미가 무엇이라고 생각하나요?

제가 이 사역을 하면서 알게 된 사실 중 하나가 동의에 대해서 모르는 친구들이 많다는 것이었어요. 아마 우리 친구들뿐 아니라 어른들 중에서도 동의의 정확한 의미를 모르시는 분들이 많을 거예요.

국어사전을 찾아보면 동의를 이렇게 정의해요.

'의사나 의견을 같이함 또는 다른 사람의 행위를 승인하거나 시인하는 것.'

쉽게 말해서 어떤 일에 대해 허락을 받는 것을 말하는 거예요. 더 구체적으로 말하자면 동의란 자신이 통제권을 가지고 행동하는 것을 말해요. 누군가 강요해서가 아니라 스스로 선택해서 하는 행동이라는 것이죠. 그런데 여기에서 말하는 강요는 폭행, 협박을 포함하고 있는 명백한 강요만을 말하는 것이 아니에요. 나중에 '그루밍'에 대해 소개하면서 한 번 더 설명하겠지만, 사랑한다고 말하면서 상대가 원하지 않는 일을 하게 만드는 것도 다른 차원의 강요라고 볼 수 있어요.

또 동의한다는 것은 자신의 선택으로 상대방과 합의하는 것을 말해요. 이렇게 함께 합의하고 결정했다면 당사자

모두가 행복하고 좋은 게 정상이겠죠? 그런데 만약 어느 한 쪽이라도 불편하거나 좋지 않다면 이것은 엄밀히 말해 동의가 제대로 이루어진 게 아니에요!

> 결국, 진정한 의미의 동의란,
> "싫어!"라고 말하지 않는 소극적인 태도가 아니라
> "좋아!"라고 적극적으로 말하는 거예요!

더 이해를 돕기 위해 이제부터 제가 현장에서 친구들과 상담했던 사례들을 조금 각색해서 여러분에게 소개해 주려고 해요. 나는 그때 정말 상대에게 동의를 구했던 것인지 또 반대의 경우, 나는 정말 상대에게 동의를 했던 것인지 살펴봤으면 좋겠어요. (아래 이름은 모두 가명이에요)

지연 : 목사님, 저는 지금 대현이와 사귄 지 6개월 정도 됐는데요. 요즘 고민이 있어요. 대현이랑 스킨십을 할 때마다 왜 이렇게 마음이 불편한지 모르겠어요.

목사 : 대현이와 동의가 된 상태에서 스킨십을 한 게 아니니?

지연 : 음… 그런 것 같기도 하고 아닌 것 같기도 해요.

목사 : 네가 원해서, 좋아서 스킨십을 한 게 아니란 말이니?

지연 : 잘 모르겠어요. 어떤 때는 저도 좋은 기분이 드는데 또 어떤

때는 별로 내키지 않을 때가 있어요. 제가 싫다고 밀쳐 내면 대현이가 실망하고 이것 때문에 싸우게 되더라고요. 그래서 그런 분위기가 되면 그냥 하게 되는 것 같아요.

목사 : 지연아, 네 마음이 그렇다면 그건 네가 대현이의 행동에 동의를 한 게 아니라서 그래.

지연 : 네? 근데 저는 한 번도 대현이한테 싫다고 말한 적이 없어요. 그래서 대현이도 제가 동의한 줄 알거고요.

목사 : 동의한다는 건 그런 게 아니야. 너는 대현이에게 동의를 한 게 아니야. 그냥 싫다고 말하지 않았을 뿐이지. 진짜 동의한다는 건 네가 적극적으로 "좋아!"라고 말하는 거라고.

지연 : 그런데 목사님, 그게 정말 애매해요. 저도 처음에는 좋아서, 서로 동의가 된 상태에서 스킨십을 시작하는데 제가 허락할 수 없는 범위까지 가게 되면 중간에 어떻게 거절해야 할지 모르겠거든요. 한 번은 제가 대현이한테 싫다고 했더니 막 화를 내는 거예요. 이럴 거면 스킨십을 왜 시작했냐고. 자기를 흥분시켜 놓고 이제 와서 밀쳐 내는 게 말이 되냐고. 자기한테 못할 짓 하는 거라고.

목사 : 지연아, 누군가가 너에게 그런 식으로 강요를 하거나 죄책감을 느끼게 해서 네가 원하지 않는 일을 하도록 했다면 그건 절대로 동의가 아니야. 설령 네가 처음에 동의를 했다 할지라도 나중에라도 마음이 불편하다면 확실하게 거절해야 해.

지연: 만약 그렇게 했다가 대현이가 저를 떠나면 어떡해요. 그리고 이런 얘기를 꺼내는 게 너무 부끄럽고 민망해요.

목사: 건강한 관계를 유지하고 싶다면 이런 이야기를 솔직하게 나눠야 해. 네가 좋아하는 부분에 있어서는 "좋아!"라고 말하고, 상대방이 네가 싫어하는 행동을 했을 때는 "싫어!"라고 허물없이 이야기할 수 있어야 해. 만약 충분히 대화를 나눴음에도 불구하고 너의 의견을 존중해 주지 않는다면 차라리 헤어지는 게 더 좋아. 너는 충분히 존중받고 사랑받아야 할 존재거든.

이 대화를 통해 진짜 '동의'의 의미가 무엇인지 정리가 됐을 거라고 생각해요. 이런 일로 저를 찾아오는 친구들의 대부분이 여학생이라 이렇게 예를 들었지만 실제로 요즘은 남학생들도 이런 일을 겪는 경우가 많아요. 아무튼 여기서 그보다 더 중요한 것은, 우리가 동의에 대한 개념을 확실히 알아야 한다는 거예요.

그 어떤 경우라 할지라도 두 사람 중 한 명이 마음이 불편하다면 그건 결코 동의한 게 아니라는 사실! 그리고 싫다고 말하지 않았다고 해서 그걸 동의했다고 생각하는 건 잘못됐다는 것을 반드시 기억하세요!

'거절'해 보기 + '거절' 받아들이기

자, 그렇다면 내가 상대에게 동의할 수 없는 경우, 어떻게 거절할 수 있을까요?

제가 속해 있는 브리지임팩트에서 함께 사역하고 있는 한 목사님이 가르쳐 주신 방법이 있는데요. 여러분에게 먼저 이 방법을 소개하고 싶어요.

1. 먼저, 여러분과 사귀고 있는 그 사람의 얼굴을 머릿속에 한번 떠올려 보세요. 아… 보이지 않는다고요? 분명 그런 친구들도 있을 거예요. 토닥토닥 만약 사귀는 친구가 없다면 이 순간만큼은 여러분이 좋아하는 연예인을 떠올려 보세요. 그 사람과 사귄다고 가정해 보자고요! 생각만 해도 웃음이 나오지요?

2. 그런데 갑자기 그 사람의 손이 나쁜 손이 되어서 나에게 스멀스멀 다가오네요. 내가 싫다고 했는데도 내 말이 들리지 않나 봐요.

3. 자, 이제부터는 글만 읽지 말고 직접 따라해 보세요! 우선 얼굴 각도를 15도 정도 살짝 뒤로 꺾어 주세요! 그리고 그 사람의 눈을 뚫어지게 쳐다보세요! 무.섭.게!

4. 눈을 쳐다보면서 이렇게 말하는 거예요.

① "야!"

② "어디서 개수작이야!"

③ "이러려고 나 만나냐?"

④ "꺼져!"

'에이 이게 뭐야…'

아마 피식 하고 웃는 친구들이 있을 텐데요. 제가 여기서 진짜 말하고 싶었던 것은 다른 게 아니라 바로 이 '단호함'이에요! 상대의 눈을 똑바로 쳐다보면서 "싫어!"라고 말할 수 있는 용기가 필요하단 것이죠.

우리는 거절을 하는 순간 생기는 싸한 분위기와 민망한 상황을 만들고 싶지 않아서, 때로 싫으면서도 거절하지 못할 때가 많아요. 그런데 제가 앞에서도 말했죠? 미안함을 느끼지 않고 자신이 원하는 것을 솔직히 말할 수 있는 관계가 진짜 건강한 관계라는 사실을요! 가까운 사이일수록 거절하는 것이 더 쉽고 편해야 해요.

그런데 여러분! 실은 거절하는 것도 중요하지만 거절을 받아들이는 것도 그에 못지않게 아주 중요해요. 우리는 그동안 힘이 약한 쪽(우리가 흔히 '피해자'라고 부르는 쪽, 상대

적으로 힘이 약한 여성이나 어린 아동, 청소년)에게만 거절하는 방법을 가르쳤었어요. 불미스러운 일이 생기지 않도록 알아서 미리 예방하라는 거였죠. 그런데 이것은 잘못된 방법이에요! 여자들이 짧은 옷, 가슴이 깊게 파인 옷을 입었기 때문에 성범죄가 일어나는 것일까요? 피해자가 더 조심하지 않았기 때문에 그런 일을 겪게 된 것일까요? 이제는 더 이상 피해자 예방 교육만 할 것이 아니라, 그 누구라도 가해자가 될 수 있다는 생각을 가지고 가해자 예방 교육도 함께 실시해야 해요! 그런 점에서 저는 거절하는 방법을 아는 것도 중요하지만 거절을 받아들이는 방법을 아는 것도 매우 중요하다고 생각해요.

가끔씩 TV 드라마나 영화를 보면 이런 장면이 등장해요. 사랑하는 남녀가 옥신각신 다툼을 벌이고 있어요. 그런데 갑자기 남자가 여자를 벽으로 확! 밀어 버려요. 싫다고 거절하는 여자의 반응에도 아랑곳하지 않고 남자는 여자를 벽으로 몰아세우고는 이글거리는 눈빛으로 이렇게 말을 해요. "내가 널 얼마나 사랑하는 줄 알아?" 그리고 나서 갑자기 여자에게 막 입맞춤을 해요. 그때 기다렸다는 듯이 갑자기 달달한 OST가 흘러나오고 마치 두 사람이 사랑의 화해를 한 것 같은 분위기가 연출되죠. 이 장면을 바라보는 많은 여자들은 "꺄악!" 소리를 지르고 남자들은 "음, 그렇지. 자고로 남자는 저렇게 터프해야지!" 하며 저마다 드라마나 영화 속 같은 장면을 꿈꿔요.

저도 예전에는 저런 장면들을 보면 소리 지르고 좋아했어요. 그런데 이 사역을 시작하고 난 이후로는 저런 장면을 볼 때마다 너무 마음이 불편해요. 조각같이 생긴 남자 배우의 박력 터지는 매력이 보이는 게 아니라, 싫다고 온몸으로 밀쳐내고 있는 여자 배우의 애처로움이 보이더라고요. 너무 폭력적이라는 생각이 들었어요.

여러분, 우리는 누구나 피해자가 될 수도 있고, 가해자가 될 수도 있어요. 그렇기 때문에 우리 모두는 거절하는 방법뿐 아니라 거절을 받아들이는 방법도 훈련해야 해요. 만약 상대가 여러분에게 거절의 의사 표현을 한다면 그 순간 바로 멈춰 주세요. 서운하고 민망한 마음이 훅 올라올 수는 있어요. 하지만 정말로 상대방을 위하고 사랑한다면, 정말로 그 사람과 좋은 관계를 유지하고 싶다면 바로 멈춰서 사과하고 상대를 존중해 주세요. 거절당했을 때 순간적으로 올라오는 불편한 나의 마음을 잘 다스리는 것, 여기서부터 사랑은 시작된답니다.

04
나는 말이야… 이런 일이 있었어

    이번 챕터를 마무리하면서 제 이야기를 잠깐 들려주려고 해요.

    책의 앞부분에서도 밝혔듯이 저는 10살 때 처음 남자친구를 사귀기 시작했어요. 결혼을 빨리해서 행복한 가정을 이루는 것이 어렸을 적부터 저의 큰 소원이었거든요. 정말 결혼하기 전까지 한시도 쉬지 않고 연애를 했던 것 같아요. 그래서 가끔 저를 잘 모르시는 주위의 어른들, 친구들에게서 "쟤는 왜 저렇게 남자를 밝혀! 어린 것이!"라고 손가락질을 받을 때도 있었어요. 저도 어떤 때는 저의 이런 모습이 너무나도 이해가 안 됐답니다. 그러다 나중에 이 사역을 시작하고 특별히 중독을 공부하면서 그 이유를 명확하게 알게 됐어요.

    제가 11살 때 부모님이 이혼을 하셨어요. 제가 태어나기 전부터 계속됐던 아빠의 외도, 가정 폭력, 그리고 도박까지…. 어렸을 적 우리 집을 떠올려 보면 항상 아빠의 욕하는 소리, 엄마의 우는 소리, 여기저기 깨져 버린 가구들, 그것을 옆에서 지켜보며 불안함에 떨었던 저와 여동생의 모습이 떠올라요. 물론 가족 여행도 제대로 가 본 적이 단 한 번도 없었고요.

이렇다 보니 무의식적으로 제 안에 '빨리 여기를 떠나고 싶다, 나는 보란 듯이 행복한 가정을 이루고 싶다'는 마음이 있었나 봐요. 그래서 병적으로 이성 교제에 집착했고, 남자 친구로부터 안정감과 행복을 느끼려고 했어요.

여러분, 이런 상태로 제가 제대로 된 연애를 할 수 있었을까요? 당연히 아니었어요. 모든 연애가 너무나 힘들고 아팠어요.

저는 대체 뭐가 문제일까요

친구들과 상담을 할 때 정말 많이 듣는 말 중 하나가 이거예요.

"목사님, 저한테 문제가 있는 것 같아요. 저는 왜 이것밖에 안 되죠? 도대체 뭐가 문제일까요. 어디서부터 잘못된 걸까요…."

이런 말을 들을 때마다 저는 예전의 제 모습을 보는 것 같아요. 여러분의 나이 때에 저 역시, 나조차도 제어할 수 없는 내 마음 때문에 방황했던 적이 많았거든요. 혹시라도 이 글을 읽는 친구 중에 '저는 하루라도 남자친구, 여자친구를 만나지 않으면 버티지를 못하겠어요. 왜 저는 항상 이렇게 관계에 집착하게 되는 거죠?', '저는 왜 이렇게 성 문제에 있어서 자꾸 넘어지게 되는 걸까요…' 하며 고민하고 있는 친구들이 있다면 그 손을 꼭 잡아 주고 싶어요.

어쩌면 여러분도 저처럼 지난 상처가 많아서, 너무 외로워서, 사랑이 고파서 그런 것일 수 있거든요. 그럴 때는 그냥 조용히 멈춰 서서 숨 한 번 고르고 하나님이 그분의 완전한 사랑으로 빚어내신, 이 세상에 단 하나밖에 없는 나 스스로를 토닥토닥 해 주세요.

"누군가에 의해서 네가 빛나는 게 아니라, 너는 그냥 네 존재 자체만으로도 반짝반짝 빛나. 하나님이 너를 그렇게 계획하셨고 만드셨거든. 그러니까 우리 좌절하지 말자."

나는 진짜 '이것' 때문에 결혼을 했어!

그럼 저는 어떻게 이런 상황들 속에서 결혼에 골인하게 됐을까요?

"혜민아, 나는 네가 걱정된다. 솔직히 결혼을 할 수 있을지도 모르겠어."

제가 갓 스무 살이 되었을 때 엄마가 저에게 하셨던 말이에요. 엄마가 이렇게 말씀하실 정도면 제가 얼마나 심각한(?) 상황이었는지 감이 오죠? 계속되는 연애의 실패 속에서 정말 힘들었어요. 자존감도 바닥을 쳤고요. 그러다가 지금의 남편을 만나게 됐어요.

참고로 남편과 저는 6살 차이가 나요. 처음 우리가 만났을 때 남편은 올해 반드시 결혼을 해야 하는 노총각이었고 저는 이십 대의 아리따운 아가씨였어요. 그래서인지 사귀기 시작할 때부터 남편이 계속 저에게 세뇌시킨 것이 있었어요.

"너는 올 가을에 나랑 결혼할 거야."

헐. 저희가 4월에 교제를 시작했는데 남편은 당장 가을에 결혼하기를 원했던 거예요.

그.런.데! 저에게는 큰 고민이 있었으니…!

바로 남편과의 결혼에 대한 확신이 없었다는 거예요. 놀랍게도 그 큰 이유가 바로 외모 때문이었어요. 제가 평상시에 꿈꿔 왔던 이상형과는 완전히 반대였거든요. 하나님은 중심을 보시지만 사람은 어쩔 수 없이 외모부터 보게 되잖아요. 하하!

아무튼 이런 이유로 고민하던 중에 제가 남편과 결혼을 해야겠다고 마음먹게 된 결정적인 사건이 하나 있었어요.

햇살 좋은 어느 날, 함께 영화를 보러 가려고 예쁘게 옷을 차려입고 남편(당시 남자친구)을 기다리고 있었어요. 그런데 남편이 생각보다 일찍 도착한 거예요. 시간을 보니 영화 볼 때까지는 한참 남았고, 카페에 가서 커피를 마시기에는 돈이 아깝더라고요. 그래서 남편에게 잠깐 집으로 올라오라고 했답니다. 아, 참고로 저는 당시에 다니던 학교가 집과 멀어서 학교 근처에서 자취를 하고 있었어요.

"혜민아, 내려와!"

"오빠, 시간이 좀 애매한 것 같아요. 그러지 말고 우리 집에 올라와서 커피 한 잔 마시고 가는 건 어때요? 그럼 시간이 딱 맞을 것 같은데."

그런데 여러분! 여기서 제 남편이 저에게 뭐라고 말했는지 아나요?

"뭐라 고? 어디서 여자가 혼자 살면서 남자를 올라오라고 해?

큰일 나려고! 얼른 내려와!"

망치로 머리 한 대를 얻어맞은 기분이었어요. 그래도 내 딴에는 남자친구의 지갑과 시간을 배려해서 한 말이었는데 이게 이렇게도 화 낼 일인가 싶더라고요. 억울하기도 하고, 민망하기도 하고, 짜증이 났어요. 그리고 생각했죠. '아, 오늘이 헤어져야 하는 날이구나!' 가을은 점점 다가오는데 결혼에 대한 확신이 서지 않았던 터라 차라리 잘된 일이라고 생각했어요.

이날 영화를 어떻게 봤는지 기억도 안 나요. 제 머릿속에는 온통 이별에 대한 생각뿐이었거든요. 그렇게 영화가 끝나고 엔딩 크레딧이 쫙 올라갈 때 부리나케 혼자 상영관 밖으로 나왔어요. 그러자 남편이 "혜민아!" 하면서 막 쫓아오더라고요. 이제 와서 하는 말이지만 그때 정~말 무서웠어요.

결국 뒤따라 나온 남편에게 붙잡혔고, 남편은 저를 상영관 바로 앞 벤치에 탁! 하고 앉혔어요. 일촉즉발의 상황이었죠. 그런데 이 남자가 갑자기 제 앞에 한쪽 무릎을 꿇고 앉는 거예요! 지나가던 많은 사람들이 막 웅성거리기 시작했어요. 그 모습을 바로 앞에서 지켜보는 저는 어쩔 줄 모르겠더라고요. 그리고 잠시 뒤 남편이 제 얼굴을 똑바로 바라보면서 이렇게 말을 했어요.

"혜민아! 내가 아까 너희 집에 왜 안 올라갔는지 알아?"

그러고 나서 한 마디를 툭 했는데…! 제가 그 말을 듣고 나서 '어머! 나 이 남자랑 결혼해야겠다'라는 생각이 들더라고요. 제 남편이 어떤 말을 했을 것 같나요?

"혜민아! 내가 아까 너희 집에 왜 안 올라갔는지 알아?

너를…

사랑해서야!"

아마 정답이 궁금했던 분들은 "에이, 뭐야!" 했을 거예요. 그런데 정말 놀랍게도 "너를 사랑해서야!"라는 이 한마디에 제 마음이 완전 녹아내렸어요.

여러분, 제가 남편에게 사랑한다는 말을 그때 처음 들었을까요? 아니에요! 평소에도 하루에 수십 번씩 사랑한다고, 예쁘다고 말해 주는 자상한 사람이거든요. 그런데 왜 제가 이 뻔해 보이는 '사랑한다'는 말에 갑자기 마음이 움직였을까요?

그동안 다른 사람들과 연애를 하면서도 이런 경우들이 종종 있었어요. 그런데 그때마다 남자친구들이 보였던 대부분의 반응은 남편과는 정반대의 모습이었지요. 그래서인지 그 누구보다 나를 사랑해 주고 나와 결혼하기를 원하면서도 '사랑하기 때문에' 더 지켜 주고 싶었다는 남편의 말이 저에게는 정말 큰 감동이었어요. 단순한 사랑을 넘어서서 내가 이 사람에게 정말 존중받고 있다는 생각이 들더라고요. 이렇게 나를 위해 주고 아껴 주는 사람이라면 평생을 함께해도 좋을 것 같았어요.

이번 챕터를 마무리하면서 제 이야기를 여러분과 함께 나누고 싶었던 이유가 있어요. 저는 친구들이 찾아와서 특별히 스킨십에 대한 고민 상담을 할 때 이런 말을 많이 해 줘요.

"목사님, 저는 진한 스킨십을 하고 싶지 않은데 제가 거절하면 남자친구가(여자친구가) 저를 떠날 것 같아요."

그럼 저는 아주 단호하게 말해요.

"네가 스킨십 안 해 준다고 헤어지자고 하면 그냥 헤어져!"

계속해서 강조하지만 사랑은 감정적이고 감각적인 부분만 있는 게 아니에요. 누군가를 진심으로 사랑한다면 상대방의 감정을 존중해 주고 지켜 주려고 노력하는 게 당연한 거예요.

그리고 또 하나 부탁하고 싶어요. 남자친구, 여자친구를 사귈 때 제발 성을 도구로 사용하지 마세요. 외모, 몸매보다 내가(상대방이) 어떤 삶을 살았고, 어떤 생각을 하고 있으며, 나의(상대방의) 고유한 매력은 무엇인지를 더 살펴봤으면 좋겠어요.

'내가 이렇게 성(性)적 매력을 어필해야 나를 더 좋아할 거야'라는 생각은 나를 진짜 사랑하지 못하기 때문에 드는 생각이에요. 아까 앞에서도 말했죠? 여러분은 존재 자체만으로도 아름답고 빛난다는 걸요.

Part 3

쫑긋쫑긋,
성과 섹스에 대해 나눠 볼까?

01
왜 기독교만 유독
혼전 순결을 강조하는 것처럼 보일까?

"이럴 줄 알았으면 교회에 안 다녔을 거예요!"

지영이(가명)가 제 앞에서 고개를 숙이고 눈물을 뚝뚝 흘리며 말했어요. 테이블이 다 젖을 정도로 우는 지영이를 보면서 가슴이 정말 많이 아팠어요. 지영이는 1년 전에 고등학교 친구를 따라 처음 교회를 다니게 됐어요. 교회 생활이 생각보다 재밌고 함께 어울리는 사람들도 좋아서 자연스럽게 교회에 정착하고 믿음도 생기게 됐대요.

그런데 지영이에게는 말 못할 고민이 하나 있었어요. 바로 성, 스킨십에 대한 부분이었죠. 지영이는 아주 인기가 많은 여학생이었어요. 항상 쉬지 않고 연애를 했고 그때마다 아무렇지 않게 선을 넘었죠. 그런데 교회에 다니기 시작하면서 이런 자신의 모습이 자꾸 마음에 걸렸던 거예요. 부끄럽고 수치스러워서 친구들에게도, 목사님에게도 말하지 못하고 끙끙 앓다가 저를 찾아왔어요.

제가 교회에서 설교나 강의를 하고 나면 종종 지영이와 비슷한 고민을 가진 친구들이 찾아와요. 저를 찾아오는 친구들은 크게 두 가지 경우로 나눌 수 있어요. 하나는 자신이 하나님 앞에 씻을 수 없는 죄를 지었다고 어떡해야 하냐고 겁을 먹는 경우예요. 또 하나는 자신이 저지른 행동이 결코 죄가 아니라며 저를 설득(?)시키고 마음의 안정을 얻으려는 경우예요. 두 경우가 완전 다르기는 하지만 친구들이 공통적으로 던지는 질문이 하나 있어요.

"그런데요, 목사님, 왜 기독교만 이렇게 보수적인 거예요?"

여러분 중에 앞의 챕터(스킨십에 관련된 부분)를 읽으면서 혹시 마음이 불편했던 친구는 없었나요? 내용을 보고 실망한 친구도 분명 있을 거예요.

'아 뭐야, 뭔가 새로운 해결책을 주실 줄 알았는데 결국에는 목사님도 우리한테 스킨십 조심하고 혼전 순결 지키라는 거잖아요, 그치요?'

결론부터 말하자면, 네! 맞아요!

그런데…

저는 이제부터 정말 다른 이야기를 하고 싶어요. 그동안 교회에서 너무나도 많이 들어 왔던 결론이지만 왜 이것을 말할 수밖에 없는지 그 '진짜' 이야기를 해 볼까 해요.

저에게는 지금도 잊히지 않는 설교가 하나 있어요. 제가 청소년일 때 교회 수련회를 갔는데 목사님께서 성에 대해 설교를 하시면서 이렇게 말씀하시는 거예요.

"여러분! 야동 보면 지옥 가요! 여러분! 혼전 순결 못 지키면 지옥 가요! 명심해야 해요! 어디 간다고요?"

"(다 같이) 지옥이요."

"더 큰 목소리로! 어디 간다고요?"

"(다 같이 더 큰 목소리로) 지옥이요!"

그때 목사님의 목소리와 몸짓이 아직도 기억에 생생해요. 이날 집회가 끝나고 숙소에서 친구들과 함께 방금 들은 설교에 대해서 한참 동안 대화를 나눴어요. 목사님의 말씀처럼 음란한 죄를 끊어 내고 천국 소망을 품자고 다 같이 파이팅을 외치고 있었는데, 갑자기 한 친구가 찬물을 끼얹는 말을 던졌어요.

"근데 야동을 보고, 혼전 순결을 못 지키면 정말 지옥 갈까?"

분위기가 순식간에 싸해졌어요. 다들 어떻게 반응해야 할지 몰라서 눈만 동그랗게 뜨고 있는데 그 친구는 아랑곳하지 않고 다시 말을 이어갔어요.

"교회 밖에서는 다들 그 정도는 괜찮다고 말하잖아. 왜 기독교만 이렇게 보수적인지 모르겠어."

다들 눈치를 보고 있는 그때 소위 '교회 언니'로 통하던 한 친구가 나서서 설명하기 시작했어요. 설명이라기보다는 설득에 가까운 설교를 쫙 늘어놓기 시작했죠. 직접 성경 말씀까지 찾아서 보여 주니 그중에서 감히 그 '교회 언니'에게 대항할 사람은 아무도 없었어요. 아주 은혜롭고 훈훈하게 상황이 종료되기는 했지만 아마 이때부터 제 안에 이런 궁금증이 생겼던 것 같아요.

'그러게. 왜 하나님은 성의 거룩함을 말씀하신 걸까.'

이 궁금증은 제가 이 주제의 강의와 상담을 했던 초기에도 계속 이어졌어요. 하지만 그때는 이 생각을 더 발전시키는 것이 별로 큰 의미가 없다고 생각했어요. 왜냐면 저는 당시에 교회에서만 강의와 설교를 했었고, 1+1은 2인 것처럼 크리스천이라면 누구나 이 문제에 대해서 의심 없이 순종해야 하는 교회 분위기가 있었기 때문이죠. 그러다가 제가 교회를 나와 학교에서 학생들을 만나기 시작하면서부터 이 궁금증이 본격적으로 커지기 시작했어요.

어느 날 학교에서 '성(性)'을 주제로 수업을 하게 됐어요. 저는 평소에 교회에서 하던 대로 강의를 이어 나갔죠. 한참 설명을 하고 나서 학생들의 얼굴을 쳐다봤어요. 그런데 이 녀석들이 고개를 끄덕여도 모자랄 판에(!) 여기저기서 갸우뚱하는 거예요. 그리고 저에게 질문을 던지기 시작했어요.

기독교 학교이기는 했지만 교회에 다니지 않는 친구들이 훨씬 더 많았기 때문에 아주 솔직하고 적나라한 질문들이 마구 쏟아져 나왔지요. 그런데 장난 가득한 짓궂은 질문들 속에서 저를 얼음! 하게 만든 질문이 있었어요.

"선생님! 근데 하나님은 왜 우리한테 순결을 지키라고 하는 거예요?"

제가 그동안 속으로만 가지고 있었던 궁금증을 정확하게 짚어낸 거예요. 이때부터 정말 진지하게 고민하기 시작했어요. 그리고 얼마 지나지 않아 이것에 대한 답을 찾게 됐어요.

지금 이 책을 읽는 친구들의 대부분은 아마 교회를 다니고 있거나 다닌 경험이 있을 거예요. 그렇다면 그동안 교회나 수련회에서 성에 대한 설교나 강의를 한 번쯤은 들어봤을 텐데요. 교회에서 행해지는 성교육들은 대부분 이런 공통적인 결론과 방법을 가지고 진행이 됐어요.

'결혼 전 연애는 조심해야 한다. 야동도 봐서는 안 되고, 스킨십도 무조건 조심해야 하고, 특히 혼전 섹스는 크리스

천으로서 절대로 해서는 안 된다.'

제가 청소년일 때 수련회에서 만난 목사님처럼 '그럼 지옥 간다!'라는 노골적인 표현까지는 아니더라도 순결을 잃어버리면 큰일 나는 것처럼 교육을 받았어요. 성과 관련된 여러 성경구절을 같이 읽고, 말씀에 이렇게 나와 있으니 우리는 '절대로' 선을 넘어서는 안 된다고 배웠지요. 그리고 항상 마지막 시간에는 혼전 순결 서약식을 진행했어요. 서약서에 서명을 하고 반지를 나눠 끼면서 앞으로 순결을 지키며 살겠노라고 많은 사람들 앞에서 결단을 했어요.

여러분, 여기까지 읽고 오해하지 마세요. 제가 지금 약간 비판적으로 이야기한다고 해서 이 결론과 방법이 완전히 잘못됐다고 말하는 것은 아니에요. 그래서 제가 앞에서 결론을 먼저 말했잖아요. 저도 여러분이 결혼 전까지는 노력해서 순결을 지켰으면 좋겠어요. 다만 그동안 해 왔던 교회의 성교육에 아쉬운 점이 분명 있다는 것을 지적하고 싶은 거예요. 이제부터라도 그런 부분들을 고민하고 고쳐서 더 건강하고 유익한 성교육이 교회 안에서 활발하게 일어났으면 좋겠어요.

우리는 그동안 '선'을 지켜야 한다는 말은 많이 했지만 '그렇다면 왜 하나님이 성의 거룩함을 말씀하셨을까'에 대한 이야기는 하지 않은 것 같아요. 이렇다 보니 '성, 혼전 순결'이라는 말 속에 담긴 아름다운 가치는 사라져 버리고 대신 '율법, 강제, 꼰대, 보수'라는 이미지가 생겨 버린 것이죠. 정말 안타까운 일이 아닐 수 없어요. 저는 하나님이 이 말씀을 우리에게 주신 이유를, 교회 밖에서 친구들을 만나면서야 비로소 깨닫게 됐어요.

"목사님, 이것 좀 봐 주실래요?"

새벽에 종종 이런 메시지가 와요. 그리고 잠시 뒤 글과 함께 사진 한 장이 툭! 하고 뜨죠.

"목사님, 생리할 날짜가 지났는데 아직도 생리를 안 해요. 그래서 몰래 임신 테스트를 해 봤는데요. 한 줄인지 두 줄인지 확인 좀 해 주실래요?"

십 대, 이십 대, 삼십 대… 이런 종류의 메시지를 보내는 친구들의 연령은 정말 다양해요. "목사님, 너무 자극적인 이야기인데요? 우리 교회에는, 주위에는 그런 친구들이 없어요." 혹시 이렇게 말하고 싶은 친구들, 부모님들이 있을지도 모르겠어요.

그런데 분명한 것은 여러분이 만난 친구들 중에서 이런 고민을 해 본 친구들이 적어도 한 명 이상은 있을 거라는 사실이에요. 단지 그 이야기를 솔직하게 나누지 않았을 뿐이죠. 제가 만난 가장 어린 친구 중에는 12살의 미혼모도 있었어요. 앞에서도 말했죠? 통계청에서 조사한 바에 의하면 첫 성관계의 평균 연령이 13.1세라는 것을요.

내가 너희에게 이 말씀을 준 이유는…

우리는 그동안 교회 안에서 선을 넘지 않은, 또는 그렇게 '보이는' 친구들과 함께 신앙생활을 했어요. 왜 제가 '보이는'에 작은따옴표를 붙였냐면요. 실제로는 선을 넘었지만 그것을 숨긴 채 교회에 다니는 친구들도 많기 때문이에요. 이 얘기는 뒤에서 좀 더 자세하게 다루도록 할게요. 아무튼 저는 교회 밖에서 친구들을 만나면서 하나님이 우리에게 '성의 거룩함'에 대한 말씀을 주신 이유를 확실하게 알게 됐어요.

여러분, 사람들이 왜 교통법규를 만들었을까요? 빨간 불을 만들어 놓은 이유가 단지 사람들의 발을 묶어 놓고 자동차가 가지 못하도록 통제하기 위해서일까요? 교통법을 만든 이유는 사람들을 강제적으로 억압하기 위해서가 아니에요! 사람들이 자신이 원하는 목적지까지 다치지 않게, 안전하고 행복하게 가도록 하기 위해서죠. 하나님의 말씀도 마찬가지예요! 하나님은 단순히 우리에게, "이것을 지키지 않으면 지옥 갈 줄 알아! 너희 자꾸 그런 짓 하면 구원 못 받아!"라고 겁주기 위해 말씀을 주신 게 아니에요.

하나님께서 성의 거룩함을 말씀하시는 이유는 바로 '나를 사랑해서'예요.

너무나도 당연해 보이는 이 사실을 우리는 당연하게 받아들이고 있지 않아요.

하나님이 '너'를 사랑해서 이 말씀을 주셨다는 것의 의미가 무엇인지 조금 더 자세하게 나눠 보도록 할게요. 아까 새벽에 임신 테스트기 사진을 찍어서 보내 준 친구가 있었다고 했죠? 그 친구가 저에게 사진을 찍어 보내기까지의 모든 상황을 한번 상상해 봤으면 좋겠어요. 친구의 이름은 가명으로 '혜은'이라고 해 볼게요.

혜은이는 요 며칠 걱정이 많아요. 생리할 날짜가 지났는데도 아직 소식이 없기 때문이죠. 부모님에게는 당연히 말을 못하겠고 남자친구에게도, 친한 친구에게도 아직은 말하고 싶지가 않아요.

그래서 우선 임신 테스트를 해 보기로 결심을 해요. 그러려면 임신 테스트기를 사야 하는데 집 근처 약국에는 못 가겠어요. 약사 선생님이 부모님과 혜은이의 얼굴을 잘 알기 때문이에요. 그래서 집에서 멀리 떨어져 있는 약국으로 들어가요. 그래도 혹시 모르니 최대한 얼굴을 푹 숙이고 말을 해요.

"임신 테스트기 하나 주세요."

그랬더니 약사가 질문을 해요. "어떤 걸로 드릴까요?"

"그냥 아무거나 주세요."

현금으로 계산을 한 뒤 재빨리 임신 테스트기를 검은 비닐봉지에 돌돌 감아서 가방 안에 집어넣어요. 그리고 두근거리는 가슴으로 바로 집으로 향했어요.

현관문을 열자마자 엄마가 인사를 하네요.

"오늘 학교는 어땠어?"

"응? 아… 뭐… 별일 없었어."

"그래. 얼른 씻고 나와서 밥 먹어!"

"응. 알겠어, 엄마."

애써 태연한 척 엄마와 간단한 인사만 나누고 방으로 들어와서 가방을 내려놨어요. 온 가족이 식탁에 둘러앉아 밥을 먹을 때도, 다 같이 거실에 앉아 재밌는 TV프로그램을 보며 웃을 때도 혜은이는 마음이 편하지 않아요. '저걸 언제 해 보지?' 혜은이의 관심은 온통 아까 사서 가방 안에 쑤셔 넣은 테스트기를 향해 있어요.

그날 밤 혜은이는 계속 방문을 열었다 닫았다 해요. 테스트를 해 보려면 엄마, 아빠가 주무시는지 철저하게 확인을 해야 하거든요. 새벽 두 시 즈음, 이제야 온 집이 조용해요. 엄마도 아빠도 깊이 잠드신 것 같아요. 혜은이는 아까 사 놨던 테스트기를 꺼내서 조심스럽게 방문을 열고 화장실로 들어가요.

'정말 임신이면 어떡하지?'

테스트를 하는 순간에도 온갖 걱정들 때문에 혜은이는 머릿속이 복잡해요.

자, 여러분 어떤가요. 상상하면서 쓴 글이지만 충분히 있을 수 있는 상황이죠. 제가 강의 때 이런 상황을 자세하게 이야기하고 있으면 몇몇 친구들의 얼굴이 급격히 어두워져요. 그리고 끝나고 나면 정확히 그 친구들이 찾아와서 자신들의 이야기를 털어놔요.

"아까 목사님이 제 이야기를 하시는 줄 알았어요."

"저도 그런 적이 있었어요. 그때 정말 두려웠어요."

저에게 테스트기 사진을 찍어서 보내기까지의 그 하루가, 혜은이에게는 어떤 날이었을 것 같나요? 혜은이는 하루 동안 어떤 기분이 들었을까요?

제가 현장에서, 특히 교회에서 말하는 그 '선'을 넘어 버린 친구들을 수도 없이 만나면서 공통적으로 보고 느낀 게 있어요. 바로 그 친구들 모두가 자신도 감당할 수 없는 두려움과 걱정 속에서 시간을 보낸다는 거였어요. 자신이 책임질 수 없는 상황 속에서 한없이 무너지고 갈등을 겪는 친구들의 모습을 보면서 저는 확실하게 깨달았어요.

'아! 하나님께서 우리에게 이 말씀을 주신 이유는 우리를 사랑하시기 때문이구나! 하나님께서 우리에게 성의 거룩함을 말씀하시는 이유는 단순히 우리를 율법적으로 억압하시려는 것이 아니구나. 우리가 우리의 인생 가운데서 누릴 수 있는 아주 행복하고 소중한 것들을 더 마음껏 누리게 하시려고 주신 말씀이구나. 아버지가, 어머니가 자식을 사랑하는 마음으로 주시는 말씀이구나!'

선을 넘어 버린 친구들은 대부분 여러분의 나이에 당연하게 누릴 수 있는 것들을 누리지 못하고 엄청난 책임감과 무게에 짓눌려서 괴로워해요.

"목사님, 시간을 되돌릴 수만 있다면 정말 그런 선택은 안 했을 거예요."

제 앞에서 눈물 흘리면서 힘들어하는 친구들을 볼 때마다 정말 가슴이 너무 아파요.

여러분에게 하나님은 어떤 분이신가요?

다양한 대답이 나오겠지만 우리는 보통 '하나님' 하면 '사랑'을 떠올려요. 하나님을 믿지 않는 사람들도 기독교를 사랑의 종교라고 말할 정도잖아요. 그런데 참 아이러니하게도 우리는 이렇게나 당연하게 '사랑의 하나님'을 이야기하면서도 유독 성 문제에 있어서는 하나님의 모습을 다르게 받아들여요. 안 된다고 말씀하시는 하나님, 보수적인 하나님, 절대로 허락하지 않으시는 하나님…. 이제는 여기에서 벗어나 성에 있어서도 사랑의 하나님을 말할 수 있었으면 좋겠어요.

'너'를 사랑하시는 하나님께서 '너'를 위해서 말씀하셨다는 이 사실을 잊지 마세요!

02
성(性)은 누가 만들었을까?

'어? 왜 이 내용이 여기에서 등장하지?'

갸우뚱하는 친구들도 있을 텐데요. 실은 이 부분이 앞 챕터보다 더 먼저 나오는 게 흐름상 자연스러워요. 성경 말씀을 쫙 적은 다음에 설명하는 것이 훨씬 더 안전해(?) 보이기도 하고요.

하지만 그렇게 되면 우리 친구들이 또 하나님의 말씀을 율법으로만 받아들일까 봐, 이 말씀들을 주신 하나님의 마음을 오해할까 봐 순서를 조금 바꿔 봤어요. 하나님께서 성의 거룩함을 말씀하신 이유가 나를 사랑하기 때문이라는 사실을 알았다면 이제 구체적으로 하나님의 말씀을 한번 들여다봤으면 좋겠어요.

왜 교회는 '성'을 부정적으로 보게 됐을까?

"성, 섹스는 누가 만들었을까요? 1번 하나님, 2번 사탄! 둘 중에 무엇이 정답일까요?"

여러분은 몇 번이라고 생각하나요? 현장에서 질문을 던져 보면 의외로 많은 친구들이 2번, 사탄이라고 대답하더라고요. 왜 그렇게 생각하냐고 물었더니 한 친구가 이렇게 말했어요.

"요즘 성 문제로 교회랑 나라가 시끄럽잖아요. 이렇게 나쁜 걸 하나님이 만드셨을 리가 없어요. 사탄이 만들었기 때문에 이런 문제가 일어나는 거라고요!"

이 친구의 말 가운데 우리가 생각해 봐야 할 아주 중요한 부분이 있어요. 바로 '성은 나쁘다'고 생각하는 거예요! 그런데 여러분, 이게 정말 맞는 말일까요? 상담해 보면 특별히 교회를 다니는 친구들 중에서 성을 나쁘게 보는 친구들이 많더라고요. 이건 앞에서도 말했듯이 그동안 교회에서 성교육을 너무 율법적으로, 강압적으로 한 탓이죠. 그렇다면 교회는 언제부터, 왜, 성을 이렇게 부정적으로 생각하게 된 것일까요?

그 이유는 '플라톤'의 영향을 받았기 때문이에요. 플라톤은 고대 그리스의 철학자였어요. 으… 갑자기 플라톤이라니… 머리가 지끈거리죠? 아주 쉽게 설명해 줄게요.

플라톤은 인간의 영혼은 선한 것이지만 육체는 부정한 것이라고 생각했어요. 그래서 이 둘을 항상 구분 지어서 이야기했지요. 여기에 큰 영향을 받은 사람이 누구냐 하면 바로 어거스틴이었어요! 기독교인들이 아주 존경하는 사람이지요.

어거스틴은 어렸을 적에 쾌락을 좇아서 방탕하게 살다가 나중에 하나님을 만나서 변화하게 됐어요. 자신의 경험에 비춰 봤을 때 그는 성욕과 성행위가 하나님을 만나는 데 방해가 된다고 생각했어요. 그래서 기독교인이라면 누구나 성과 싸워서 이겨야 한다고 강하게 주장했지요. 많은 기독교인이 바로 이 어거스틴의 생각에 영향을 받게 된 거예요. 하지만 이것은 어거스틴이 생각했던 방식일 뿐, 하나님께서 말씀하신 방식은 아니에요.

<u>결론적으로 말씀드리면 성은, 섹스는 하나님께서 우리 인간에게 주신 선물이에요!</u> 창세기에 보면 하나님이 남자와 여자를 창조하신 이야기가 나와요.

> 하나님이 이르시되 우리의 형상을 따라 우리의 모양대로 우리가 사람을 만들고 그들로 바다의 물고기와 하늘의 새와 가축과 온 땅과 땅에 기는 모든 것을 다스리게 하자 하시고

> 하나님이 자기 형상 곧 하나님의 형상대로 사람을 창조하시되 남자와 여자를 창조하시고(창 1:26-27).

하나님이 우리를 어떤 모양으로 만드셨다고요? 바로 하나님의 모양, 하나님의 형상대로 우리를 창조하셨대요! 인간은 육체, 영혼 어느 한쪽만으로 이루어진 존재가 아니라 육체와 영혼 모두가 합쳐져서 만들어진 하나님의 형상인 거죠. '성부, 성자, 성령'의 하나님, 삼위일체 하나님의 모습처럼 말이에요. 그래서 이 둘을 따로 떼어서 생각하면 안 돼요. 영혼만 귀하고 몸은 그렇지 않다는 생각으로 몸을 함부로 사용하는 것은 하나님의 창조 질서를 위반하는 거예요. 우리의 몸과 영혼은 모두 하나님께서 만드신 귀한 거예요!

> 하나님이 지으신 그 모든 것을 보시니 보시기에 심히 좋았더라(창 1:31).

왜 하나님은 사람을 남자와 여자로 창조하셨을까?

우리는 하나님께서 만드신 모든 것은 사랑하고, 하나님께 속하지 않은 죄로 가득한 것만 버리면 돼요. 인간이 타락

했기 때문에 성, 섹스, 성욕이 생겨났다는 말은 틀린 말이에요. 성은 원래 하나님께서 우리에게 주신 선물인데 죄로 물든 사람들이 성을 도구로 삼아서 나쁜 짓을 하는 거죠. 하나님은 인간을 창조하실 때 처음부터 남자와 여자, 성(性)적 존재로 만드셨어요.

> 여호와 하나님이 아담을 깊이 잠들게 하시니 잠들매 그가 그 갈빗대 하나를 취하고 살로 대신 채우시고 여호와 하나님이 아담에게서 취하신 그 갈빗대로 여자를 만드시고 그를 아담에게로 이끌어 오시니(창 2:21-22).

만약에 아담이 하와 없이 혼자만 있었다면 자신이 남성인 것을 몰랐을 거예요. 반대로 하와도 아담이 없었다면 본인이 여성인 것을 몰랐겠죠. 하나님은 아담과 하와가 서로를 바라보며 자신이 누구인지 알아 가기를 원하셨어요. 또 서로 보듬어 주면서 하나가 되기를 그 누구보다도 바라셨어요. 여기서 우리는 성이란 단순히 몸, 육체적인 관계만 말하는 것이 아니라, 인격적이고 정신적인 관계도 포함한다는 것을 놓쳐서는 안 돼요!

여자를 만드신 후에 하나님께서 어떻게 하셨다고 성경에 나와 있나요? "그를 아담에게로 이끌어 오시니." 마치 결혼식장에서 신부의 아버지가 신부를 신랑에게 이끌고 오듯이, 하나님은 하와를 아담에게로 이끌어 오셨어요. 그때 아담의 마음은 어땠을까요? 성경을 보면 아담이 하와를 보자마자 이런 말을 했다고 나와 있어요.

> 아담이 이르되 이는 내 뼈 중의 뼈요 살 중의 살이라 이것을 남자에게서 취하였은즉 여자라 부르리라 하니라(창 2:23).

하와를 보자마자 아담은 본능적으로 몸과 마음이 활활 불타올랐어요! 성경에 적혀 있지는 않지만 아마 하와도 처음 아담을 보고 심쿵! 했을 거예요. 두 사람은 서로와의 관계 속에서 자신이 남자임을, 여자임을 알게 됐어요. 이렇게 우리는 서로를 위해 남자와 여자로 지음 받았기 때문에 남녀의 관계 속에서만 스스로를 알 수 있어요. 남자와 여자가 본능적으로 '한 몸'이 될 때까지 끌리는 것은 창조 질서 속에서 아주 당연한 사실인 거죠.

> 이러므로 남자가 부모를 떠나 그의 아내와 합하여 둘이 한 몸을 이룰지로다(창 2:24).

우리를 이렇게 창조하신 하나님은 아마도 에덴동산에서

아담과 하와의 애정 행각을 보시며 흐뭇하게 웃으셨을 거예요. 그런데 하나님께서 아담과 하와, 남자와 여자에게 바라셨던 또 한 가지가 있었어요! 단순히 육체적인 관계(sex), 인격적인 관계를 넘어서서 정말 중요한 일들을 맡기고자 하셨어요. 창세기 1장 28절을 함께 읽어 볼까요?

> 하나님이 그들에게 복을 주시며 하나님이 그들에게 이르시되 생육하고 번성하여 땅에 충만하라, 땅을 정복하라, 바다의 물고기와 하늘의 새와 땅에 움직이는 모든 생물을 다스리라 하시니라(창 1:28).

바로 하나님이 만드신 동산을, 창조하신 세계를 가꾸는 일을 맡기신 거예요. 한 남자와 한 여자의 만남은 단순히 둘의 성적인 관계에서 끝나지 않아요. 사랑의 결실을 통해 생명을 낳아 땅에 충만한 것과 동시에 문화를 창조하고 사회를 만드는 일도 함께 해야 해요. 이것이 하나님이 사람을 남자와 여자, 성적인 존재로 만드신 이유예요.

03
섹스에 대한 모든 것

정말 사랑하는 사이라면 결혼 전 섹스는 괜찮다고 생각해요

지난 2019년 2월, 발렌타인데이를 맞아서 한 신문사에서 특집 기사를 내보냈어요. 기사 중에서 이 부분이 유독 눈에 띄더라고요.

밀레니엄 세대의 요즘 젊은이들은 혼전 순결에 대한 인식이 예전같이 보수적이지도 않고 종교는 물론 신앙의 깊이와도 상관없이 고리타분한 얘기로 치부될 뿐이다.
실제로 전국복음주의협회(NAE)가 실시한 설문조사에서 18~39세 연령 기독교 미혼 청년의 80%가 혼전 성관계를 이미 경험한 것으로 나타나기도 했다. 미혼이라도 피임만 제대로 한다면 혼전 성관계를 도덕적으로 수용할 수 있다는 의견

이 지배적일만큼 성에 대한 인식이 크게 달라졌다.[1]

기사에는 조사 대상자가 18세부터라고 나와 있지만 이 결과는 여러분과 같은 십 대의 경우와도 크게 다르지 않아요. 예전에는 혼전 섹스가 '이게 도덕적으로 옳은 거야, 그른 거야?'의 문제였다면, 지금은 '진짜 사랑하는 사이야, 아니야?'의 애정 문제로 바뀌었어요. 상황이 이렇다 보니 여러분의 모습을 보면서 혀를 끌끌 차시는 어른들이 많아졌어요. "우리 때는 안 그랬는데 요즘 애들은 너무 문란해."

이렇게 말씀하시는 어른들의 마음도 이해가 가지만 동시에 여러분의 상황도 충분히 이해해요. 그 어떤 세대보다 지금 여러분은 성적인 자극을 많이 받는 사회를 살아가고 있잖아요. 영화, 드라마, 광고, 가요 등 다양한 대중매체 속에서 이제 성은 더 이상 신비롭지 않아요. 예전에는 남녀 두 사람의 성 이야기가 도덕적인 큰 사건이었다면 지금은 웬만한 건 대수롭지 않게 넘기는 분위기가 됐지요. 또 전에는 성에 관한 질문을 할 때 윤리적인 부분을 핵심적으로 다뤘지만, 이제는 성의 기술, 기교를 더 많이 질문해요. 여러분이 정말로 원하는 '친밀한 관계'를 맺기 위한 방법으로 섹스를 자연스럽게 선택한다는 것이 이전과 많이 달라진 부분이죠.

---

1) 미주한국일보, "혼전 순결 중시하던 신앙인의 성 윤리 바뀌나?"(2019년 2월 16일)

그동안 교회에서는(특히 청소년인 경우에는 학교에서도) 여러분에게 섹스는 생명을 잉태하는 행위이기 때문에 부부 사이에서만 가능하다고 말해 왔어요. 이것도 맞는 말이지만 우리가 여기서 절대로 오해하면 안 되는 것이 있어요. 바로 하나님께서 우리에게 선물로 주신 '섹스'는 단순히 생명을 낳게 하는 것 그 이상의 의미를 가지고 있다는 거예요!

그래서 저는 이 챕터에서 성경 말씀만 막 나열해 놓고 "그렇기 때문에 혼전 섹스는 안 돼!"라고 말하고 싶지는 않아요. 이 부분도 반드시 짚고 넘어가야 하지만 하나님이 우리에게 주신 성, 섹스가 진짜 어떤 의미를 가지는지 차근차근 이야기하고 싶어요.

임신만 안 하면 괜찮은 거 아닌가요?

지금이 아무리 성적으로 개방된 사회라 할지라도 친구들(특히 여학생들)은 여전히 임신에 대한 두려움을 가지고 있어요. 제가 언젠가 여학생들에게 이런 질문을 던진 적이 있어요.

"만약 원치 않는 임신을 했을 때 너희는 어떻게 할래?"

순간 친구들의 표정이 심각해지더라고요. 시간이 조금

지나고 나서 한 여학생이 작은 목소리로 말했어요.

"낳아야 하지 않을까요?"

그래서 제가 다시 질문을 던졌어요.

"그 말은 아이의 아빠와 결혼할 수 있다는 말이니? 그럼 아기를 낳고 나서 그다음은? 어떻게 키울 생각이야?"

친구들이 더 이상 대답을 못하고 멋쩍은 듯 서로를 쳐다보고 있는데, 그때 용기 있는 한 학생이 손을 번쩍 들더니 이렇게 말을 했어요.

"목사님! 그냥 아이를 지우는 게 맞는 것 같아요."

고개를 끄덕이는 몇 친구들도 있었지만 대부분의 친구들이 고개를 갸우뚱거렸어요.

이렇듯 결혼 전 섹스는 친구들에게 항상 위험 부담을 안겨요. 실제가 아닌 가정한 상태에서 질문을 던져도 이렇게 혼란스러운데, 진짜 임신을 하게 되면 정말 고통스러운 결정을 피할 수가 없어요.

친구들이 대답한 것처럼 아기를 지울 수도 있고, 낳은 아이를 입양시킬 수도 있으며, 혹은 그 아이를 직접 키울 수도 있을 거예요. 또 결혼을 할 수도 있겠죠. 하지만 어떤 것을 선택하든지 거기에는 상당한 아픔과 상처가 뒤따라요. 그런데 너무나도 많은 친구들이 이런 현실적인 부분을 생각하지 않아요. '다른 사람은 몰라도 나에게는 절대로 그런 일이 일어나지 않을 거야' 이런 막연한 믿음 속에서 살죠.

우리나라는 OECD 회원국 가운데에서도 낙태율이 아주 높은 편이에요. 2019년 3월, 한 신문 기사를 보니 회원국의 낙태율을 조사한 결과(15~44세 사이의 가임 여성을 대상으로 조사) 우리나라는 15.8%로 OECD 국가 중 낙태율 1위를 기록했다고 하더라고요.

요즘 학교나 기관에서는 성교육을 할 때 피임법을 꼭 가르쳐요. 혼전 섹스를 막을 수 없다면 최악의 상황을 예방할 수 있도록 피임법이라도 제대로 가르치자는 거죠. 그래서 전보다 청소년의 피임률이 높아지고 있는 것은 맞지만[2] 아직 선진국에 비해서는 턱없이 낮은 비율이에요. 이 때문에 학생들에게 성관계와 임신에 대한 성교육을 더 많이 실시하자는 목소리가 커지기도 했었죠. 그런데 아이러니한 것은, 실제로 학생들의 연간 성교육 경험률을 살펴보니 78.6%의 높은 수치를 보였다는 거예요.

이러한 사회적 분위기 탓인지 요즘은 교회에서도 피임법에 대한 내용이 포함된 성교육을 해 달라는 부탁을 종종 해 와요. 물론 이런 부탁을 받으면 정중하게 거절을 해요. 그리고 성교육이 어떻게 진행되면 좋을지 차근차근 설명을

---

2) 청소년건강행태 온라인조사를 보면 청소년 성 경험자의 피임 실천율이 2014년 43.6%에서 2016년 51.9%로 증가추세를 보였다.

드려요. 여러분, 오해하지 마세요. 저는 지금 피임법에 대해서 전혀 몰라도 된다고 말하는 게 아니에요. 다만 성교육이 너무 한쪽으로 치우친 것은 아닌지 안타까운 마음이 들어서 그래요. 우리가 그동안 받았던, 그리고 지금도 받고 있는 성교육은 성, 섹스를 말할 때 너무 '임신의 위험성'에만 초점을 두고 있는 것 같아요. 학교와 기관에서는 임신을 피할 수 있는 방법을 가르치고, 교회에서는 임신의 책임에 대한 이야기를 성경 말씀으로, 율법적으로 설명하지요. 이런 설명도 꼭 필요하지만 우리는 여기서 더 나아가 아주 근본적인 이야기를 해야 해요.

혼전 섹스는 단순히 임신 때문에만 반대하는 게 아니에요. 제가 만약 임신의 책임에 대한 이야기만 하면서 "자, 봤지? 너희가 임신하면 이렇게 삶이 힘들어지니 혼전 순결을 지켜야 해!"라고 글을 마무리 짓는다면 기존의 성교육과 다를 게 없어요. 그리고 이런 성교육에는 치명적인 약점이 있어요. 바로, 임신이 되지 않는다는 확실한 보장이 있다면 그리고 혹시 임신을 했다 하더라도 책임질 수 있는 충분한 상황이 된다면 혼전 섹스는 해도 된다고 말할 수 있다는 거예요. 여기에서는 당사자와 관련된 사람들의 판단만 중요하지, 혼전 섹스의 본질적인 부분은 중요하지 않아요.

그래서 우리는 반드시 하나님이 말씀하신 성, 섹스에 대한 개념 정리를 해야 해요! 제가 아까 앞에서 말했던 것 기억나나요? 하나님께서 우리에게 선물로 주신 '섹스'는 단순히 생명을 낳게 하는 것 그 이상의 의미를 가지고 있어요! 그것이 무엇인지 다음 챕터에서 한번 자세히 나눠 볼게요.

대체 혼전 순결에 대한 말씀이 성경 어디에 있나요?

친구들뿐 아니라 선생님들, 사역자분들도 이런 질문을 많이 하세요. 성경 어디에 혼전 순결에 대한 이야기에 나오는지 궁금해하시더라고요.

결론부터 말씀드리면 '혼전 순결'이라는 용어 자체가 성경에 등장하지는 않아요. 여기까지만 딱 읽고 "와~! 성경에 적혀 있지 않는다면 이제 자유롭게 마음껏 즐겨도 되겠구나!" 박수치는 친구들이 혹~시 있을지도 모르겠어요. 그런데 단순히 성경에 그 단어가 나오지 않는다고 해서 그렇게 해도 된다는 말은 절대로 아니에요. 성경은 '혼전 순결'보다 더 넓은 개념의 '성, 섹스' 그 자체에 대해서 계속 이야기하고 있거든요.

사람들은 보통 구약시대

가 신약시대보다 훨씬 더 성에 대해서 엄격했을 거라고 생각해요. 그런데 적어도 혼전 순결에 대한 부분은 오히려 구약보다는 신약성경에 더 자세히 나와요. 지금 우리가 생각하는 순결의 개념과 구약시대의 순결의 개념이 조금 달랐거든요. 이건 구약시대의 시대적 상황 때문에 그래요.

구약시대에는 여자의 순결이 엄청 중요하게 여겨진 반면, 남자의 순결은 그다지 중요하게 여겨지지 않았어요. 여자의 순결을 강조했던 것도 순결 그 자체를 위해서가 아니라 사회적인 이유 때문이었어요. 당시에는 가문을 지켜나가는 것이 너무나도 중요했기 때문에 남자들은 여자와 자녀들을 자신의 소유로 생각했어요. 그래서 가문의 대를 이어 나가야 하는 중요한 사회적 의무를 가지고 있는 여자가, 결혼 전에 다른 남자와 잠자리를 가진다는 것은 상상도 할 수 없는 일이었어요. 신명기 22장 13-21절에서 처녀가 아닌 여자는 돌로 쳐 죽이라고까지 명령하고 있는 것만 봐도 당시의 분위기를 짐작할 수 있어요.

사회적인 상황이 이렇다 보니 구약시대에는 결혼을 하지 않은 남녀가 자유롭게 잠자리를 가질 수 없었어요. 그리고 만약 그런 일이 생긴다 해도 두 사람은 반드시 결혼을 해야만 했어요(신 22:28-29). 결혼하지 않은 여자와 잠자리를 가진다는 것은 단순히 순결을 잃게 하는 것이 아니라, 그 여자를 소유하고 있는 남자의 권리를 빼앗는 행위라고 받아들인 것이죠. 그래서 구약시대의 혼전 섹스는 간음의 계명뿐 아니라 도둑질하지 말라는 계명도 위반한 것이었어요.

이것이 신약시대로 오면서 전혀 다른 개념으로 발전해요. 구약과는 전혀 다른 관점에서 성 문제를 다루게 된 것이죠. 성적 부도덕을 의미하는 '간음', '부도덕한 행위'라는 단어들이 등장했어요. 여기에서 '간음'은 남편이나 아내에 대한 성실의 약속을 어기는 것뿐 아니라, 그 외의 다른 부도덕한 관습들도 다 포함하는 단어예요.

바울은 바로 이 간음 안에 혼전 섹스도 포함된다고 명백하게 이야기하고 있어요. 고린도전서 7장에서 바울은 그 당시의 상황에서는 결혼을 하지 않고 순결을 유지하는 것이 가장 좋은 삶이라고 말했어요. 하지만 이런 말도 덧붙였죠. "음행을 피하기 위하여 남자마다 자기 아내를 두고 여자마다 자기 남편을 두라"(고전 7:2). 타오르는 정욕을 주체할 수 없다면, 그래서 음행을 저지를 바에는 결혼하는 것이 낫다고 말한 거예요. 우리는 여기서 바울이 명확하게 혼전 섹스를 음행, 간음으로 여겼다는 것을 알 수 있어요.

> 음행과 온갖 더러운 것과 탐욕은 너희 중에서 그 이름조차도 부르지 말라 이는 성도에게 마땅한 바니라(엡 5:3).

하나님의 뜻은 이것이니 너희의 거룩함이라 곧 음란을 버리고 각각 거룩함과 존귀함으로 자기의 아내 대할 줄을 알고 하나님을 모르는 이방인과 같이 색욕을 따르지 말고(살전 4:3-5).

바울은 간음이 명백한 죄라고 밝혔어요. 혼전 섹스도 간음이라면 결혼하지 않은 사람들 사이에서 일어나는 섹스는 당연히 죄인 것이죠. 하지만 이런 설명만으로는 충분하지 않아요. 왜냐면 여기까지 읽고 나서 이런 불편한 마음이 드는 친구들도 분명 있을 거거든요.

"어? 이방인처럼 색욕을 따른 게 아니라 진심으로 사랑해서 섹스를 한 거라면, 그리고 아무에게도 상처를 주지 않는다면 그래도 이게 나쁜 거야?"

그래서 우리는 섹스가 가지는 그 자체로서의 의미를 살펴볼 필요가 있어요.

결론적으로 하나님이 말씀하신 성, 섹스의 개념은 단순히 몸의 결합을 이야기하는 것이 아니에요! 사람과 사람 사이의 인격적인 만남, 연합을 의미하는 거예요. 우리의 이성적인 방법으로는 이 신비로운 비밀을 다 밝혀낼 수 없어요. 하지만 분명한 것은, 섹스가 두 사람을 이전과는 아주 다른 차원으로 하나가 되게 만든다는 거예요. 이런 연합은 결혼이라는 약속을 통해서 이뤄질 수 있어요.

'몸의 결합이 곧 인격의 연합이다?' 말이 좀 어렵죠. 쉽게 말해서 우리의 몸과 영혼은 따로 구분할 수 없다는 거예요. 우리의 몸이 성령의 전이라면 우리의 영혼에도 성령님이 함께하신다는 거예요(고전 6:19). 그리스도인이 자신의 몸을 하나님께 드린다는 것은 자기 자신을 그대로 드린다는 거예요(롬 12:1).

마찬가지로 결국 섹스도 몸만 접촉하는 것이 아니라 서로의 인격, 영혼이 만나는 행위라는 거죠. 섹스는 이렇게 두 사람을 아주 긴밀하고 가깝게 만들어요. 그래서 단순히 '사랑하기 때문에 해도 돼'라는 말은 충분하지 않아요. 섹스는 서로의 삶을 함께하려는, 결혼을 한 사람들 사이에서 가능해요.

사람들이 아무리 이것을 가볍게 생각한다 할지라도 한 번에 끝나 버리는, 마음 없이 몸만 반응하는 섹스는 존재하지 않아요. 그렇다면 요즘 채팅, 앱 등 다양한 경로를 통해서 가볍게 잠자리만 가지는 친구들은 어떻게 설명할 수 있을까요? 이런 행동을 하는 사람은, 자신과 분리될 수 없는 관계를 가진 상대를 버린 거예요. 본래 하나님께서 우리에게 주신 성, 섹스의 의미를 왜곡시켜서 내 마음대로 사용하고 버린 것이죠. 바울은 이것이 죄라고 분명하게 말해요. 물론 이것은 앞의 예처럼 가볍게 관계를 맺는 사람들만의 이야기가 아니에요. 사랑하니까 괜찮다는 이유로 사귀면서 아무렇지 않게 잠자리를 가지는 보통의 커플들도 똑같아요. 삶의 연합을 생각하지도 않으면서 연합할 수 있는 행동(섹스)을 하는 것은 간음하는 것과 같다는 의미예요.

여기서 바울이 말하고 있는 삶의 연합은 곧 뭐라고 했죠? 맞아요! 결혼이에요! 우리는 결혼한 상대와의 섹스를 통해 진짜 하나가 될 수 있어요. 그럼 또 친구들이 이런 질문을 던질 수도 있을 거예요.

"그렇다면 결혼을 약속했거나, 결혼을 생각하고 만나는 사람과는 섹스가 가능하다는 건가요?"

저는 그 친구들에게 반대로 이렇게 물어보고 싶어요.

"그 사람과 결혼할 거라고 어떻게 확신하나요?"

옛날 어른들이 "결혼식장에 들어가기 전까진 아무도 몰라!"라는 말을 농담처럼 던지시곤 하잖아요. 저도 이 말이 어떤 의미인지 몰랐는데 나중에 보니 실제로 결혼식을 앞두고 헤어지는 커플들이 상당히 많더라고요. 사람은 아무도 자기의 길을 예측하지 못해요. 결혼도 마찬가지예요. 저는 여러분 모두가 진심으로 '한 몸(창 2:24)' 될 수 있는 사랑하는 배우자를 만나서 첫날밤에 마음껏 성의 기쁨을, 행복함을 누릴 수 있길 바라요.

Part 4

콩닥콩닥, 우리 더 솔직하게 말해 보자!

01
이미 선을 넘어 버린 저는
이제 구제불능인가요?

우리 교회에는 그런 일이 없어요

교회에 강의나 설교를 하러 갈 때마다 사역자분들, 선생님들께서 저에게 이런 이야기를 정말 많이 하세요.

"우리 아이들은 순수해요. 이제껏 교회 안에서 한 번도 불미스러운 일이 없었어요."

이건 부모님과 상담할 때도 동일해요.

"우리 아이는 그런 거 잘 몰라요. 우리 아이가 얼마나 착한데요…."

저도 예전에는 이 말을 그대로 믿었어요. 그런데 저에게 따로 상담을 요청하는 수많은 친구들을 만나면서 이건 뭔가 잘못됐다 싶었죠. 더 놀라운 것은, 저에게 연락하는 친구들의 대부분이 교회의 리더들(찬양팀, 임원 등)이거나 중직자(목회자, 장로님, 권사님 등)분들의 자녀라는 것이었어요.

우리는 그동안 성 문제를 일으키는 친구들을 색안경을 끼고 바라봤어요.

"쟤는 원래 남자(여자)를 밝히는 애야. 쟤는 공부도 잘 못하고 원래 문제가 많은 애야. 처음부터 그런 끼가 보였던 애야."

그런데 저는 숱한 경험을 통해 확실하게 알게 됐어요. 성의 문제는 결코 '원래 그래 보였던' 친구들만의 문제가 아니라는 사실을요. 전혀 예상하지 못했던, 교회 안에서 흔히 "그래도 쟤는 괜찮아! 믿음이 좋은 아이야!"라고 평가받는 친구들도 동일한 문제를 가지고 있다는 사실을요. 아니 어쩌면 교회에서 모범적인 친구들이 더 은밀하고 큰 문제를 가지고 있을지도 몰라요.

그럼 왜 이런 안타까운 현상이 나타나게 된 것일까요? 이유는 아주 간단해요. 우리는 그동안 교회 안에서 수없이 "안 돼!"라는 말만 들었기 때문이죠. 교회 안에 이런 분위기가 있다 보니 친구들이 성에 대한 솔직한 이야기를 할 수가 없는 거예요. 성에 대한 궁금증, 지금 겪고 있는 문제들을 솔직하게 오픈하면 교회 사람들이 나를, 우리 부모님을 이상하게 볼 게 뻔하니까요. 그리고 내 비밀이 부모님에게 전해질 수도 있으니까요.

"혜민 목사야. 나 좀 도와줘."

어느 날 한 교회의 담임 목사님이 저에게 전화를 하셨어요. 항상 긍정적이고 유쾌하신 목사님이신데 그날따라 목소리가 심상치 않았어요.

"목사님, 무슨 일이세요?"

"혜민 목사야. 우리 딸이 교회를 안 나온다. 이유를 물어도 꿀 먹은 벙어리처럼 좀처럼 말을 안 해. 네가 내 딸 좀 만나서 물어봐 주라."

목사님과 전화를 끊고 나서 바로 그 친구에게 메시지를 보냈어요. 전에 만난 적이 있어서 연락하는 게 어렵지 않았죠. 그런데 이게 웬일! 확인만 하고 답장이 없는 거예요. 이 날 이후로도 계속 메시지를 보냈지만 나중에는 차단을 했는지 확인조차 하지를 않더라고요.

몇 달 뒤, 제자들이 시험을 마쳐서 놀자고 하길래 녀석들을 데리고 피시방을 갔어요. 그런데 바로 그곳에서 저에게 전화하셨던 목사님의 딸을 만난 거예요! 제 연락을 매몰차게 씹.었.던(!) 그 녀석을요! 여러분, 제가 어떻게 했을 것 같나요? 뒤통수를 세게 때렸을까요? 욕을 했을까요? 솔직히 그런 마음도 조금 있었지만 릴랙스하고 그 친구 옆에 앉았어요. 그리고 말없이 함께 게임을 했지요. 그렇게 두 시간 동안 게임을 하고 마지막에 "잘 지내!" 하며 쿨하게 인사를 한 뒤 게임비까지 대신 내 주고 집으로 돌아왔어요. 그 날 밤, 이 친구에게서 전화가 왔어요.

"목사님! 에휴… 우리 만나요."

이 친구는 아까 얼마나 당혹스럽고 무서웠을까요. 계속 연락을 씹고 무시했던 목사님이 갑자기 내 옆자리에 앉더니 아무 말 없이 게임만 하고, 게임비까지 대 주더니, 바람과 함께 사라진 거잖아요. 아마 게임하는 내내 마음이 편치 않았을 거예요. 아무튼 우리는 그날 밤 드디어 카페에 마주 앉아 대화를 하게 됐어요.

"제가 왜 교회를 안 나가냐면요…."

처음에는 머뭇거리던 그 친구가 마음을 굳게 먹었는지 자신이 겪었던 이야기를 차근차근 해 주기 시작했어요.

교회 연합 수련회를 갔었대요. 그곳에서 다른 교회의 멋진 오빠를 만났고 수련회가 끝난 이후에도 연락을 주고받다가 자연스럽게 사귀게 됐어요. 그리고 오래 지나지 않아 두 사람은 성관계를 가지게 됐죠. 그만큼 사이가 가까워졌다고 생각했지만 이후로 두 사람은 크고 작은 일들로 자주 싸웠어요. 그리고 결국 서로에게 상처만 안긴 채 헤어지게 됐어요.

이때부터 친구의 고민이 깊어졌어요. 남자친구와 잠자리를 가졌다는 사실 때문에 죄책감이 들었던 거예요. 크리스천이라면 선을 지켜야 한다고 배웠는데 이것을 지키지 못한 자신이 너무나도 미웠대요. 더군다나 나는 우리 교회 담임 목사님의 딸이잖아요. 그리고 하나님께 벌을 받지는 않을까 두려웠대요. 이 얘기를 청소년부 전도사님께 솔직하게 털어놓고 싶었지만 혹시라도 우리 아빠가 알게 되면 나에게 실망하실까 봐, 또 사람들이 아빠를 욕할까 봐 무서웠대요. 그래서 친구는 결심을 했어요! '아, 교회를 더 열심히 다녀야겠다!'

이런 결심을 했다는 것 자체가 참 아이러니하죠? 그런데 제가 현장에서 상담을 하면서 느낀 것 중에 하나가 바로, 교회를 열심히 다니고 신앙이 좋다고 여겨지는 친구들일수록 이런 생각과 결심을 많이 한다는 거예요. 내가 더 열심히 교회에서 봉사하고 예배를 드리면 하나님이 그런 나를 예쁘게 보셔서 죄를 용서해 주실 거라는 믿음을 가지고 있는 거죠.

이 친구도 그랬어요. 수요예배, 금요철야예배는 물론이거니와 매일 새벽예배까지 나갔어요. 그리고 찬양팀, 임원, 리더까지 빠지지 않고 교회의 모든 활동을 했어요.

수련회 마지막 날 저녁에 기도회를 인도하시는 목사님들께서 "우리 이 밤, 하나님 앞에 우리의 은밀한 죄들을 모두 내려놓고 다 함께 기도합시다!"라고 할 때마다 울면서 방언으로 기도를 했대요. '하나님. 저의 이 추악한 죄를 용서해 주세요!'

이 친구의 이런 모습을 보고 부모님, 전도사님, 선생님들은 아주 좋아하셨어요. 하나님을 정말 잘 믿는 훌륭한 아이라고, 이 친구처럼 신앙생활을 해야 한다고 모든 사람이 항상 칭찬했지요. 하지만 이 친구에게는 누구에게도 말 못할 깊은 고민이 있었어요.

'네가 아무리 그래 봤자 달라질 건 없어. 넌 이미 더럽혀진 죄인이야!' 누군가가 나에게 계속 속삭이는 것 같았대요. 이런 마음이 올라오면 바로 교회로 달려갔어요. 그리고 기도하고 예배를 드렸죠. 그런데 울면서 기도하는 그때는 괜찮았지만 며칠, 몇 달이 지나면 다시 똑같은 죄책감이 올라오는 거예요. 이런 반복적인 삶을 2년이나 살았대요. 그리고 어느 날, 이 친구는 속으로 생각했어요.

'아… 나는 더 이상 구원받을 자격이 없구나. 선을 넘어 버린 나는 구제불능이구나. 하나님은 이런 나를 용서하시지도, 사랑하시지도 않는구나.'

그리고 바로 그 주 주일부터 친구는 교회를 나가지 않았어요.

친구는 아주 담담하게 말했지만 그 이야기를 듣던 저는 결국 눈물을 터뜨렸어요. 정말 안타깝고 속상했어요. 누군가 그때 이 아이의 손을 잡아 줬더라면, 하나님의 은혜와 사랑을 말해 줬더라면…. 혼자 고민하고 끙끙 앓았을 그 지난 시간들이 이 친구에게는 얼마나 버겁고 힘들었을까….

목사님, 제발 살려 주세요

저는 항상 강의, 설교를 끝내고 나면 질의응답 시간을 가져요. 단순한 질의응답 시간이 아니라 자신의 이야기를 고백하는 시간이죠. 종이를 한 장씩 나눠 주고 거기에 먼저 자기의 이름을 쓰도록 해요. 그럼 여기저기서 웅성웅성 하는 소리가 들려요. 성에 대한 질문은 이름을 밝히지 않고 해야 더 솔직하고 적나라하게 할 수 있는데 실명을 쓰게 되면 부담스럽잖아요. 하지만 그럼에도 제가 이름을 쓰게 하는 데는 이유가 있어요.

성 문제는 내가 괜찮은 척하면, 내가 누군가에게 말하거나 들키지 않는 이상 아무도 몰라요. 우리는 그동안 성을 개인의 은밀한 문제로만 여겼어요. 그래서 성에 대한 솔직한 이야기를 나누는 것을 야하다고, 음란하다고 생각했죠. 이렇다 보니 원래 보수적인 분위기의 교회에서는 더더욱 이런 이야기를 하는 것이 힘들었어요.

하지만 앞에서도 말했듯이 성은 하나님이 우리에게 주신 선물이잖아요. 그렇다면 교회 안에서 이런 이야기를 더 솔직하고 분명하게 하는 것이 맞지 않을까요? 그래서 저는 이런 훈련의 목적으로 이름을 꼭 쓰게 해요. 성 이야기를 은밀하게만, 자극적으로만 다루지 않고 건강하고 정직하게 할 수 있도록 돕고자 하는 거예요.

종이에 먼저 자기의 이름을 썼다면 이제는 자기의 솔직한 이야기를 쓰도록 해요. 교회에서, 사람들 앞에서 한 번도 꺼내 본 적 없었던 나만의 이야기요. 누군가에게 꼭 털어놓고 싶었던, 신앙생활을 하면서 마음의 짐으로 여겼던 이야기를 아주 솔직하게 써 달라고 말해요. 만약 그런 부분이 없다면 강의를 들으면서 생겼던 궁금증들을 써도 좋아요. 하지만 모두가 공통적으로 써야 하는 부분이 있어요. 바로 오늘 강의와 관련된 기도제목이에요.

저는 친구들이 써서 낸 종이를 버리지 않아요. 일정 기간 동안 들고 다니면서 친구들의 이름과 기도제목을 놓고 기도해요. 이동하는 차 안에서, 잠시 쉬어 가는 카페에서도 종이를 가지고 다니면서 읽고 기도해요. 친구들이 쓴 종이 안에는 그들의 간절함과 그동안의 고민이 고스란히 녹아 있어요. "내가 널 위해 기도해 줄게"라고 형식적으로 말만 하고 진짜로 기도하지 않는 것은 여러분을 속이는 거라고 생각해요.

친구들에게 종이에 어떤 내용을 써야 할지 일러주고 나서 10분 정도 시간을 줘요. 약속된 시간이 지나면 다 쓴 종이를 걷어 오죠. 그런 다음 앞에서 무작위로 종이를 뽑아 공개적으로 읽어요.

"헐. 그럼 이름도 읽으시는 거예요? 저는 제 이름을 밝히고 싶지 않아요!"

아, 걱정하지 마세요. 이름은 절대로 읽지 않아요. 그 이름은 저만 볼 거예요. 저는 여러분의 이름과 얼굴을 잘 모르니 부끄러워할 필요가 전혀 없어요. 저는 사실 이 시간이 제일 떨려요. 여기에 어떤 고민을 가진 친구들이 앉아 있는지 잘 모르니까요.

그동안 강의를 하러 다니면서 여러분의 이야기가 적힌 종이들을 정말 많이 받아 봤어요. 가장 많을 때는 이틀 동안 2,000명 정도의 종이를 받았으니까요. 그런데 아직도 제가 잊을 수 없는 사연이 하나 있어요. 그날도 똑같이 종이 한 장을 척 하고 뽑아서 펼쳤는데 이런 글이 쓰여 있는 거예요.

"목사님, 저는 어떡하면 좋을까요. 제발 살려 주세요…."

살려 달라고 애원할 만큼 절박했던 일은 무엇이었을까요. 여기에서 자세하게 다 이야기할 수는 없지만 이 친구는 치명적인 성 문제로 인해 삶이 무너지고 하나님에 대한 믿음까지도 흔들리고 있었어요. 글을 읽고 나서 그 자리에 있던 모든 사람이 친구를 위해 한 마음으로 기도를 했어요. '아, 우리 공동체 안에 이런 어려움을 가진 친구가 있구나.' 이 시간을 통해 모두가 안타까운 마음으로 현실을 바라보게 됐어요.

혼전 순결을 지키지 못하면 지옥 가나요?

선을 넘어 버린 친구들이 저를 찾아와서 떨리는 목소리로 이런 질문을 많이 해요. 저도 여러분의 나이 때 이런 이야기들을 종종 들었어요. 요즘은 예전과 달라져서 '지옥'이라는 단어 자체는 거의 사용하지 않아요. 하지만 지금도 여전히 크리스천들에게 있어서 혼전 순결은 무슨 일이 있더라도 반드시 지켜야 하는 부분이죠. 이것이 무너지면 하나님과의 모든 관계가 무너지고 천국에 못 들어간다고 생각하는 사람들이 많아요.

저도 여러분이 결혼 전까지 순결을 지켰으면 좋겠어요. 하지만 혼전 순결과 구원의 문제는 다시 생각해 봐야 해요. 혼전 순결 자체에 대한 이야기는 이미 앞에서 충분히 했기 때문에 생략하기로 하고 저는 여기에서 이것만 한번 다뤄 보고 싶어요. 정말 혼전 순결을 지키지 못하면 천국에 들어가지 못할까요?

만약 순결을 못 지켜서 지옥 불에 떨어지는 게 사실이라면 우리는 그 누구도 천국에 들어갈 수 없을 거예요. 제가 너무 극단적으로 말해서 불편한 친구들도 있을 텐데요. 십계명을 보면 다섯 번째 계명에 "네 부모를 공경하라"는 부분이 있잖아요. 살면서 자기 부모님을 한 번이라도 원망 안 해 본 사람이 과연 몇이나 될까요? 이런 계명 하나도 제대로 지키지 못하는데 하나님께서 과연 혼전 순결을 지키지 않았다고 바로 우리를 지옥에 보내실까요? 혼전 순결은 구원의 문제가 아니에요! 그것은 우리가 저지르는 자범죄의 문제인 거죠.

'자범죄'라는 말이 우리 친구들에게는 아주 어려울 텐데요. 쉽게 말해서 자범죄란 구원의 문제와 상관없이 악에 물든 우리가 저지르는 죄를 말해요. 자범죄는 하나님께 진심으로 회개할 때 용서받을 수 있어요.

> 만일 우리가 우리 죄를 자백하면 그는 미쁘시고 의로우사 우리 죄를 사하시며 우리를 모든 불의에서 깨끗하게 하실 것이요 만일 우리가 범죄하지 아니하였다 하면 하나님을 거짓말하는 이로 만드는 것이니 또한 그의 말씀이 우리 속에 있지 아니하니라(요일 1:9-10).

<u>순결을 지켰느냐 못 지켰느냐, 이것은 구원의 심판을 받는 문제가 아니에요. 자범죄에 해당하는 것이죠. 오직 구원의 문제는 이 땅에서 하나님을 제대로 알고 내 인생에서 예수님을 그리스도로, 주님으로 고백하느냐의 문제인 거예요.</u> 자기의 죄를 스스로 해결할 수 없음을 인정하고, 예수님의

십자가 사건을 믿음으로 고백하고 은혜로 받아들이는 것! 이것이 구원의 핵심이에요.

그렇다고 오해는 하지 말아요. 혼전 순결이 구원의 문제와 관련이 없다고 해서 죄가 아니라고 말하는 것은 아니에요. 자범죄도 분명히 죄의 문제인 거죠. 구원과 상관없기 때문에 내 마음대로 해도 된다는 생각은 정말 잘못된 거예요! 하나님의 말씀을 내 입맛에 맞춰서 해석하면 안 돼요. 하나님을 사랑하고 하나님의 자녀라고 한다면 우리는 혼전 순결과 같은 자범죄의 문제를 반드시 해결해야 해요! 이런 죄를 습관적으로 지으면 심판이 아닌 징계가 반드시 뒤따를 것이라고 성경은 경고하고 있어요.

> 너희가 죄와 싸우되 아직 피흘리기까지는 대항하지 아니하고… 주께서 그 사랑하시는 자를 징계하시고 그가 받아들이시는 아들마다 채찍질하심이라 하였으니… 징계는 다 받는 것이거늘 너희에게 없으면 사생자요 친아들이 아니니라(히 12:4,6,8).

그럼 어떻게 이 문제를 해결할 수 있을까요?

성경에는 우리의 모든 죄를 진정으로, 철저하게 회개하라고 적혀 있어요. 조금 전에 앞에서 읽었던 요한일서 1장

9-10절의 말씀을 다시 살펴볼까요? 만일 우리가 우리 죄를 자백하면 주님께서 우리의 죄를 용서하시고 우리를 깨끗하게 하실 것이라고 분명하게 말하고 있어요. 여기서 말하고 있는 회개는 단순히 "하나님 잘못했어요. 쏴리~" 하면서 눈물만 흘리고 마는 게 아니에요. 다시는 그런 죄를 짓지 않겠다는 절박한 마음으로, 진심을 다해서 하는 것이 회개예요. 그리고 또 하나! 회개는 마음으로만 결정하고 결단하는 것이 아니에요. 여기에는 아주 실제적이고 구체적인 삶의 노력도 뒤따라야 해요.

그런데 만약 자신의 죄를 인정하지 않고 나는 회개할 필요가 없다고 주장한다면 어떤 일이 일어날까요? 성경은 이런 사람 안에는 하나님의 말씀이 없다고 말하고 있어요(요일 1:10). 이 말은, 회개가 없는 사람은 예수님을 믿어 구원을 얻은 것이 아닐 수도 있다는 뜻이에요. 하나님을 진심으로 믿는 사람들만이 자신이 죄인임을 알 수 있어요. 하나님을 진심으로 사랑하는 사람들만이 회개를 통한 회복의 은혜를 경험할 수 있어요. 이렇게 죄를 회개함으로 점차 죄를 짓는 빈도수가 줄어들게 되면 우리는 그만큼 조금씩 주님을 닮아 자라갈 수 있어요.

계속 반복되니까 지쳐요

유독 더웠던 여름, 에어컨을 틀어도 땀이 줄줄 흐르는 한 수련원장에서 중학생 친구들 50여 명과 함께 두 시간 동안 성에 대해 이야기를 나눴어요. 약속된 시간이 끝나고 빨리 다음 일정이 있는 곳으로 출발하려고 나왔는데 한 친구가 제 뒤를 졸졸 쫓아왔어요. 눈에 눈물이 그렁그렁 맺힌 채로요. 그냥 갈 수가 없어 잠시 멈춰 서서 대화를 나눴어요.

"목사님, 저에게는 아주 오래된, 은밀한 죄가 있어요. 끊으려고 이것 저것 다 해 봤는데도 해결되지 않더라고요. 그 상황이 오면 또 넘어지고, 또 넘어지고…. 회개를 해도 그때뿐이에요. 이제는 점점 무뎌지는 것 같아요. 죄책감도 점점 사라지는 것 같아요. 그런데 이건 분명히 잘못된 거잖아요. 저는 어떡하면 좋을까요?"

앞에서 말했던, 목사님의 딸 이야기와 아주 비슷하죠. 목사님의 딸이 과거에 저지른 일 때문에 힘들어했다면, 이 친구는 계속 반복적으로 넘어지는 문제 때문에 힘들어하고 있었어요. 지금 이 글을 읽고 있는 여러분 중에도 같은 고민을 가지고 있는 친구들이 분명 있을 거예요.

'목사님이 말씀하신 것처럼 죄를 지을 때마다 회개했고, 다시는 넘어지지 않도록 노력도 했는데 자꾸 넘어져요. 이젠 이런 저에게 지쳐요.'

단순히 성 문제뿐 아니라 죄의 문제로 고민하는 모든 친구들에게 꼭 들려주고 싶은 이야기가 하나 있어요.

저에게는 4살 된 아들이 한 명 있어요. 이름은 '고건'이에요. 요즘 이 녀석에게는 세상 모든 것이 다 신기해요. 일단 한 번 호기심이 생기면 꼭 만져 봐야 하고 먹어 봐야 해요. 저도 엄마인지라 사랑하는 아들이 무언가를 요구하면 최대한 들어주려고 하는데요. 그럼에도 허락하지 않는 것들이 분명 있어요. 그중에 하나가 바로 사탕이에요!

그런데 언젠가부터 이 녀석이 뭐에 홀린 것처럼 계속 사탕을 찾더라고요. 어찌 된 일인가 했더니 어린이집에서 친구가 가져온 사탕을 우연히 먹게 된 거예요. 이때부터 건이의 사탕 앓이가 시작됐어요.

그러던 어느 날, 제가 갔던 교회에서 간식으로 큰 사탕봉지 하나를 챙겨 주셨어요. 우리 부부는 원래 사탕을 먹지 않기 때문에 아무 생각 없이 사탕봉지를 싱크대 아래에 넣어 뒀죠. 그렇게 며칠이 지났어요. 저희 가족은 한 방에서 다 같이 잠을 자는데요. 아침에 눈을 떠 보니 건이가 보이지 않는 거예요. 애가 어디로 갔지? 여기저기 찾으러 다녔죠.

이 녀석이 어디에 있었을 것 같나요? 맞아요. 사탕봉지를 넣어 둔 싱크대 아래에 기어들어 가 있는 거예요. 정말 기가 막혔죠. 침을 질질 흘리면서 입 안 가득 사탕을 오물거리고 있었어요. 화가 나서 건이를 똑바로 세워 놓고 혼을 냈지요.

"너! 엄마가 사탕은 안 된다고 했지? 어떻게 허락도 없이 이렇게 몰래 먹을 수가 있어?"

그러자 건이가 눈물을 뚝뚝 흘리면서 말했어요.

"엄마, 잘못했어요."

"다시는 이러지 마! 이러면 안 돼!"

이렇게 그날 일은 마무리가 됐고 또 며칠이 지났어요. 이른 아침, 자고 일어나서 옆을 딱 쳐다봤는데…! 건이가 또 보이지 않는 거예요. 이번에도 역시나 싱크대 아래에 기어들어 가서 사탕을 몰래 먹고 있었어요. 정말 화가 많이 났어요. 괘씸하기도 했고요. 그래서 저번보다 더 무서운 표정으로 건이를 쳐다봤어요. 그리고 큰 목소리로 말했어요.

"건이, 너!"

그러자 이 녀석이 갑자기 저를 똑바로 쳐다보면서 이렇게 말하는 거예요.

"어머님…."

헐. 4살짜리 녀석이 어머님이라니!

"어머님, 저는 더 이상 어머님의 아들 될 자격이 없습니다. 어머님이 하지 말라고 하는 짓을 제가 또 저질렀군요. 어머님께 계속 실망을 안겨 드려서 죄송합니다. 저를 그냥 호적에서 파 주세요. 저는 집을 나가겠습니다."

건이가 저에게 이렇게 말을 하고는 아주 쿨하게 기저귀를 차고 집 문을 열고 나갔어요!

여러분, 이게 말이 돼요?

4살짜리 아기가 이런 말을 한다는 것도 말이 안 되지만, 자식이 호적에서 자기 이름을 파 달라고 했다고 진짜 파 버리는 부모가 어디 있겠어요. 자식이 집을 나가겠다고 할 때 잘 가라고 인사하는 부모가 어디 있겠어요.

건이가 이렇게 말했다는 건 제가 지어낸 말이고요. 실제로는 이랬어요. 제가 혼내려고 무섭게 쳐다보면서 "건이, 너!" 하자 갑자기 건이가 저를 와락 끌어안았어요. 그리고 펑펑 울면서 말했어요. "엄마, 잘못했어요. 잘못했어요."

제 목을 끌어안고 바들바들 떨면서 우는 아들을 보는데 조금 전까지 화가 나 있던 감정이 확 가라앉더라고요. 우선 건이를 진정시키고 나서 눈을 쳐다보며 다시 한 번 이야기를 했어요.

"건아. 이건 네가 잘못한 거야. 엄마가 하지 말라고 분명히 말했었잖아. 다시는 이러지 않기로 엄마랑 약속하자. 약속!"

이후로 이런 일들이 아예 없었을까요? 아니요! 이 글을 쓰기 며칠 전에도 비슷한 일이 또 있었어요. 하지만 건이는 여전히 지금도 우리 가족 호적에 이름이 올라가 있고, 자기가 왕인 것처럼 집 여기저기를 휩쓸고 있어요.

그럼에도 하나님 품에 와락 안기는 삶

우리는 항상 하나님을 나의 아버지로 고백해요. 나를 안아 주시는 분, 나를 사랑하시는 분, 나를 위로해 주시는 분. 그런데 우리는 이렇게나 많이, 쉽게 고백하면서도 하나님의 눈치를 보며 살 때가 많아요. 내가 지은 죄 때문에 하나님이 생명책이라는 호적에서 내 이름을 당장이라도 파 버리실 것 같다는 두려움을 안고 살아요. 특히 성 문제에 있어서 우리가 느끼는 하나님의 모습은 더 무섭고 냉정하죠.

그런데 제가 앞에서도 말했죠? 하나님이 우리에게 성의 거룩함에 대해 말씀하신 이유는 우리를 사랑하시기 때문이라고. 제가 건이를 사랑하기 때문에 사탕을 허락하지 않는 것처럼, 하나님도 우리에게 아버지와 같은 마음으로 말씀하고 계시는 거예요.

그렇다면 우리는 죄를 지었을 때, 잘못을 했을 때 어떡해야 할까요? 전에 회개했는데도 유혹에 넘어져서 같은 죄를 또 지었다면 어떡해야 할까요? 정답은 간단해요. 그럼에도 하나님의 품에 와락! 안겨야 해요.

사람은 완전하지 못해요. 물론 이 말은, 그렇기 때문에 죄를 짓는 것이 당연하다는 게 아니에요. 같은 죄를 계속 지어도 괜찮다는 말이 아니에요. 우리는 죄에 걸려 넘어지지 않도록 끊임없이 조심하고 노력해야 해요. 되도록 유혹의 상황에 노출되지 않도록 상황과 환경을 적극적으로 바꿔야 해요. 하지만 여기에서 한 가지 조심해야 할 것이 있어요. '나는 절대로 죄를 지어선 안 돼! 특히나 같은 죄를 저지르는 건 있을 수 없는 일이야!' 이런 생각에 너무 집착하다 보면 오히려 그 죄에 매일 수도 있다는 사실이에요.

제가 상담했던 한 여학생은 야동 중독 때문에 극심한 스트레스를 받고 있었어요. 그런데 상담을 진행하면서 아주 중요한 부분을 알게 됐어요. 그 누구보다 야동을 빨리 끊고 싶어 했던 친구의 강한 의지가 오히려 이것을 끊어 내는 것에 방해가 되고 있었던 거예요.

'나는 야동을 반드시 끊어야 해! 야동을 끊기 위해선 이렇게 해야 해! 야동을 안 보려면 어떤 일을 하면 좋을까?'

온통 야동 끊을 생각에만 집중하다 보니 아이러니하게

도 이런 생각에 걸려서 또 야동을 보게 되더라고요.

이런 강한 의지는 친구의 신앙심에서 나온 것이었어요. 하나님을 열심히 믿었던 이 친구에게는, 죄를 저지른다는 것이 결코 용납될 수 없는 일이었어요. 야동 중독으로 본인의 삶이 망가지는 것보다, 어떻게 크리스천으로서 이런 죄를 저지를 수 있는지가 친구를 더 괴롭게 만들었어요.

물론 하나님을 믿는 사람으로서 죄와 멀어지도록 조심하고 노력하는 것은 반드시 필요해요. 특히 반복적인 죄에 대해서는 더욱 그렇지요. 하지만 그렇다고 죄에만 집중하고 있으면 안 돼요. 그보다 크신 하나님을 바라보고, 그런 하나님이 창조하신 나의 부족함을 솔직하게 인정하는 것이 중요해요. 사람은 정말 연약한 존재예요. 그래서 유혹에 쉽게 걸려 넘어지죠. 그렇기 때문에 내가 철저하게 회개했다 하더라도 나중에 혹~시 또 같은 죄에 걸려 넘어질 수도 있어요. 이것은 인간의 힘, 의지와 노력만으로는 절대로 주님을 닮아갈 수 없다는 것을 의미해요. 우리는 내가 결심하고 노력하면 모든 것이 해결될 거라고 믿어요. 하지만 그건 착각이에요!

다시 한 번 말하지만 인간이 연약하기 때문에 같은 죄를 짓는 건 당연하다고 말하는 게 아니에요. 인간의 노력이 아예 필요 없다고 말하는 게 아니에요. 사랑하는 하나님을 닮아 가도록, 다시는 그런 죄를 짓지 않도록 노력해야 하지만, 한편으로는 내가 또 넘어질 수도 있는 연약한 존재임을 인정해야 한다는 거예요. 이런 믿음과 인정 안에서 우리는 진짜 하나님의 자녀가 될 수 있고 자유를 누릴 수 있어요.

혹시라도 다음에 또 같은 유혹에 걸려서 넘어지게 된다면 지금 제가 하는 말을 꼭 기억하세요!

하나님은 그럼에도 '너'가 달려와서 와락 안기기를 기다리세요. 하나님은 그럼에도 '너'를 사랑하세요. 하나님은 그럼에도 '너'를 기대하세요.

그런즉 누구든지 그리스도 안에 있으면 새로운 피조물이라 이전 것은 지나갔으니 보라 새 것이 되었도다(고후 5:17).

02
우리 헤어졌어요
: 이별로 아파하는 너에게

"목사님, 저 콱 죽어 버리고 싶어요. 먹지도 못하겠고 자지도 못하겠고 아무것도 못하겠어요. 너무 힘들어요."

상담을 하다 보면 꼭 한 번씩 밤늦게 울며 전화하는 친구들이 있어요. 사랑함에 있어서 사귀는 과정도, 데이트도 중요하지만 그에 못지않게 정말 중요한 것이 바로 헤어짐이에요.

"어린 나이에 하는 사랑이 다 풋내기들의 사랑이지, 뭘 굳이 애들 보는 책에 이별까지 다루십니까."

혹시 어른들 중에 이런 이유로 이번 챕터가 마음에 안 드시는 분들도 계실 텐데요. 저는 분명하게 말씀드리고 싶어요. 어른들의 눈에는 철없어 보이겠지만 아이들의 사랑은 그 나이에 할 수 있는 가장 진실하고 순수한 사랑이에요. 그래서 그 사랑의 무게를 어른과 결코 비교할 수 없다고 생각해요. 때로 어떤 면에서는 십 대들의 사랑이 어른들의 사랑보다 더 건강하고 깊기도 해요.

그리고 또 하나! 특히 청소년기는 감정적이고 충동적인 시기이기 때문에 이별의 영향으로 삶이 와르르 무너지는 경우가 참 많아요(물론 이십 대, 삼십 대 청년들의 경우도 마찬가지이지만 십 대들은 발달 단계상 더욱 그래요). 저는 이런 이유로 우리 친구들에게 이별하는 이야기도 해 줘야 한다고 생각해요.

저는 어렸을 적부터 연애를 많이 했었다고 말했죠? 이걸 다른 말로 하면, 그만큼 이별의 경험도 많았다는 거예요. 달콤하고 행복했던, 그래서 영원할 것만 같았던 시간이 끝나 버리면 항상 엄청난 아픔과 고통이 몰려왔어요. 슬픈 가요의 가사가 다 내 이야기 같고, 영화나 드라마 속 비련의 여주인공처럼 몇 날 며칠을 울기도 하고…. 아마 지금 이 책을 보는 친구들 중에서도 이별을 앞두고 있거나 이미 이별의 경험이 있는 친구들이 분명 있을 거예요. 구체적인 이야기를 나누기 전에, 그런 친구들에게 이 말을 먼저 해 주고 싶어요.

"그동안 마음이 많이 아팠겠다. 네가 겪은 그 아픔의 시간들이 쌓이고 쌓여서 이젠 너를 더 웃게 만들 거야. 잘 이겨내서 여기까지 온 것처럼 앞으로도 잘 이겨낼 거야! 장하다 그대!"

이별을 겪은 친구들이 가장 많이 물어보는 것 중에 하나가 바로 "어떡하면 이 아픔을 빨리 극복할 수 있어요?"예요. 결론부터 말씀드리면 "그런 건 없어요!" 사랑했던 사람과 헤어졌는데 어떻게 바로 아무렇지 않게 지낼 수 있겠어요. 헤어졌는데도 별 느낌이 들지 않는다면 그건 아마도 그 사람을 진심으로 사랑하지 않았다는 증거일 거예요. 상대를 진심으로 좋아하고 아꼈다면 헤어지고 나서 눈물을 흘리고 마음이 아픈 게 정상이에요.

시간이 약이라는 말을 많이 들어봤을 텐데요. 적어도 헤어짐에 있어서 이 말은 진리와도 같은 명언이에요! 이별의 아픔을 극복하는 방법은 아쉽게도 하나밖에 없어요. 충분히 아파야 하는 거죠. 우리는 그 아픔이 너무 힘들어서 어떡해서든 그 시간을 벗어나려고 해요. 하지만 그러면 그럴수록 마음이 더 힘들어져요.

사랑한 만큼 아파하세요! 충분히 '애도'해 주세요!

사람들은 주로 '애도'를 사람이 죽었을 때의 감정으로 생각해요. 하지만 애도는 사랑하는 사람의 죽음뿐 아니라 헤어짐으로 인한 상실의 개념까지 폭넓게 가지고 있어요. 이별하고 나서 충분히 애도하라는 말은, 말 그대로 충분히 아파하라는 뜻이에요. 애써 눈물을 참으려고 하지 말아요. 울고 싶으면 그냥 펑펑 울어요. 내 슬픈 감정을 직접 표현하고, 말하고, 인정하는 시간을 가져요. 이런 과정을 충분히 겪어 내지 않으면 그 슬픔이 자꾸 나를 찾아올 거예요.

전에는 두 사람이 서로 영향을 주고받는 관계였다면, 이제는 내가 그것을 추억하는 관계가 됐다는 것을 받아들여야 해요. 이런 애도의 시간을 잘 보내야 새로운 관계에 관심을 가지고 힘을 쏟을 수 있을 뿐더러 다시 건강한 일상을 회복할 수 있어요.

이 과정을 통해 여러분의 아픈 감정이 어느 정도 누그러졌다면 그다음으로는 내가 관계를 얼마나 미숙하게 맺었는지를 한번 돌아볼 필요가 있어요. 물론 상대방의 말도 안 되는 잘못으로 어이없게 헤어진 경우, 상대방을 욕하는 시간도 필요하지만 그 만남을 통해 분명 본인도 얻은 것이 있을 거거든요. 이렇게 지난 연애를 돌아보는 시간을 가져야 다음에 찾아올 사랑을 건강하게 맞이할 수 있어요.

혹시 '환승 이별'이라는 말을 들어본 적 있나요? 버스나 지하철을 갈아타는 것처럼 이별과 만남을 쉽게 한다는 말인데요. 사귀던 사람과 헤어지고 나서 얼마 지나지 않아 바로 다른 사람을 만나는 것을 뜻해요. 물론 환승 이별을 했음에도 불구하고 다음 연애를 잘 하는 친구들도 있지만 대부분 시간이 지나고 힘들어하더라고요.

저는 이런 경우의 연애를 다음과 같이 표현해요. '두 사람이 아닌 세 사람이 함께하는 연애.' 이게 무슨 말이냐면요. 전 사람과 헤어지고 나서 충분히 애도의 시간을 갖지 않고 바로 다음 연애를 시작하게 되면, 지금의 애인뿐 아니라 전 애인과도 함께 만나는 것과 같다는 거예요. "사랑의 상처는 다른 사랑으로 치유할 수 있다." 물론 틀린 말은 아니지만 대부분의 친구들은 이별의 아픔이 너무나도 힘들어서 바로 다른 사람과의 만남으로 이것을 극복하고자 해요. 연애의 목적, 시작 자체가 이별의 아픔을 잊기 위한 것이기 때문에 이런 연애는 쉽게 흔들릴 수밖에 없어요.

저는 여러분이 충분히 아파했으면 좋겠어요. 그 시간 속에서 자신의 모습도 돌아볼 수 있으면 좋겠어요. 그리고 다음에 찾아올 사랑을 기쁜 마음으로, 건강하게 준비했으면 좋겠어요!

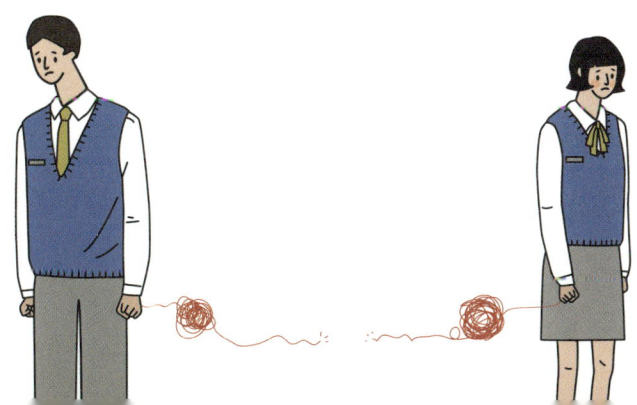

03
괜찮아, 네 잘못이 아니야!
: 원치 않는 일을 겪은 너에게

제가 이 일을 하면서 특히 더 마음이 쓰이고 힘들 때가 있어요. 이성 친구와 사귀다가 문제가 생긴 친구들을 만날 때도 물론 마음이 많이 쓰이지만, 본인의 의도와 상관없이 원치 않는 일을 겪게 된 친구들과 상담을 할 때가 바로 이런 경우예요. 이번 챕터에서는 그런 이야기들을 좀 해 보려고 해요. 가슴 아프고 무거운 이야기일 수 있지만 반드시 알아야 할 내용이니 끝까지 잘 읽어 주면 좋겠어요.

데이트폭력

어느 날 한 여학생이 심각한 얼굴로 저를 찾아왔어요.

제 앞에 앉아서 계속 핸드폰을 만지작거리다가 작은 진동이라도 느껴지면 어쩔 줄 몰라 하더라고요. 무슨 일이냐고 물어도 한참 동안 입을 꾹 다물고 있던 학생은 갑자기 본인이 입고 있던 긴팔티를 쓱 걷어 올렸어요. 그런데 세상에나! 그 팔뚝을 보고 놀라지 않을 수 없었어요. 여기저기 피멍이 들어 있었거든요.

"목사님, 저는 남자친구와 헤어지는 게 무서워요. 얘가 절 죽일 것 같아요."

그 여학생은 같은 학원을 다니던 남학생과 자연스럽게 사귀게 됐는데, 잘 챙겨 주고 배려 깊은 남자친구의 모습을 보면서 처음에는 정말 행복했대요. 남자친구가 다른 이성 친구와 대화하거나 연락하는 것을 너무 싫어해서, 그 여학생은 학원, 학교에서도 친구들을 피해 다녔고 심지어 SNS도 삭제했다고 하더라고요. 수시로 여자친구의 핸드폰을 가져가서 메시지와 사진을 보는 것은 기본이었어요. 그래도 그런 남자친구의 모습이 이상해 보이지 않고 '아, 얘는 나를 정말 많이 사랑하는구나'라고 생각했대요.

그런데 사귄 지 일주일 정도 지난 어느 날, 두 사람은 사소한 의견차이로 다투게 됐어요. 말다툼을 하다가 더 이상 대화하고 싶지 않아서 뒤를 도는 순간, 갑자기 남자친구가 여자친구의 머리채를 잡았어요. 순간 너무 당혹스러웠죠. 가까스로 남자친구의 손을 떼어 내고 따지기 시작했어요. "너 이게 뭐하는 짓…" 찰싹! 말하는 동시에 남자친구가 뺨을 때렸어요. 여자친구는 그 자리에서 펑펑 울며 당장 헤어지자고 말했죠. 하지만 남자친구는 바로 무릎까지 꿇으면서 잘못했다고 싹싹 빌었고 여자친구는 다시 한 번 기회를 주기로 했어요.

이때부터였어요. 이날 이후로 지독하리만큼 무서운 폭력이 시작됐어요. 평소에는 웃으면서 부드럽게 대해 주다가도 본인의 기분이 상하면 무자비하게 여자친구를 폭행했어요. 이렇게 맞다가는 죽을 수도 있겠다 싶었대요. 헤어지자고 여러 번 말했지만 그때마다 남자친구는 잘못했다며 손이 발이 되도록 빌고 울었어요. 그래도 싫다고 하면 또 화를 내고 때리고…. 이것의 무한 반복이었죠. 집주소도 알고, 친구 관계도 다 겹쳐 있어서 벗어날 수가 없었어요.

요즘 이와 비슷한 데이트폭력의 피해를 입은 십 대 친구들이 정말 많아요. 우선 경찰에서 조사한 데이트폭력 통계에 의하면, 우리나라에서는 지난 5년 동안 연간 7천 건 이상의 데이트폭력 사건이 있었대요. 2015년에 나온 위키트리의 기사를 보면 3일에 1명꼴로 데이트폭력 피해자가 사망하고 있어요.

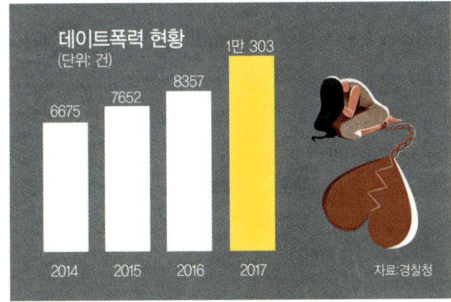

이것만 봐도 심각한데 더 충격적인 사실은, 십 대의 데이트폭력 문제도 만만치 않다는 거예요. 경찰청에 따르면 2018년 8월까지 데이트폭력으로 붙잡힌 피의자 8,985명 가운데 십 대 소년은 286명(3.2%)에 달한다고 해요. 2016년에는 277명(3.1%), 2015년에는 315명(2.8%)이었는데 그 비율이 점점 늘고 있죠. 해마다 300여 건의 십 대 데이트폭력 사건이 발생하고 있어요.

데이트폭력은 결혼을 하지 않은 연인 사이에서 한쪽이 상대방에게 폭력이나 위협을 가하는 것을 말해요. 친밀한 사이에서 일어나는 범죄이기 때문에 지속적으로, 반복적으로 나타나기 쉽죠. 재범률도 약 76%로 높은 편이에요. 성적인 폭력뿐 아니라 과한 통제, 감시, 폭언, 협박, 폭행, 상해, 갈취, 감금, 납치, 살인미수 등 복합적인 범죄로 나타나요. 이런 정의대로라면 핸드폰을 보자고 했을 때 상대방이 거절

했음에도 불구하고 계속 보자고 하는 것도 데이트폭력에 해당하는 거예요. 또 성관계 과정에서 상대방의 의사를 무시한 채 관계를 가지는 것 역시 폭력에 해당해요.

특히 십 대 청소년들은 어른들 몰래 데이트를 하는 경우가 많아서 문제가 겉으로 드러나지 않는 경우가 훨씬 많아요. 더군다나 데이트폭력은 친밀한 관계에서 일어나는 일이기 때문에 주위 사람들이 제대로 알지 못하는 경우가 많고, 심지어 본인도 이것을 깨닫지 못할 때가 있어요. 이렇다 보니 문제가 더 심각해질 수밖에 없어요. 바로 이 점이, 단순히 학생들에게만 성교육을 해서는 안 되는 중요한 이유예요. 부모님들, 교사들, 목회자들도 반드시 성교육을 함께 받아서 인식이 달라져야 해요.

그렇다면 데이트폭력 안에서 안전할 수 있는 방법은 무엇일까요?

이것을 막는 최선책은 교제 초반에 달렸어요! 한국여성의전화가 2016년 발표한 보고서에 따르면, 피해자 중 59.9%가 교제 6개월 미만 내에 데이트 폭력을 경험했다고 답했어요. 그리고 한국데이트폭력연구소는 "초기 관계 형성 시기에 데이트폭력이 시작됐으나 이를 자신에 대한 사랑 혹은 관심으로 해석하는 등 폭력을 정당화하는 모습을 보였다"

라고 분석했어요. 저를 찾아왔던 친구도 연애 초반에 남자 친구의 데이트폭력을 사랑으로 받아들였다고 말했었죠? 다른 이성 친구가 말을 거는 것만으로도 화를 내고 집착하는 모습을 단순히 사랑으로 여긴 거죠.

서울시는 최근 발간한 보고서에서 상대방이 다음과 같은 행동을 보인다면 데이트폭력의 의심 신호일 수 있다고 조언했어요.

1. 큰소리로 호통을 친다
2. 과거를 끈질기게 캐묻는다
3. 많은 양의 전화나 문자를 한다
4. 다른 사람 만나는 것을 싫어한다

여러분의 이성 친구가 이런 행동을 보인다면 바로 지적하고 분명하게 거절해야 해요. 만약 혼자만의 힘으로 헤어질 수 없는 상황에 처해 있다면 반드시 주위 사람들에게 도움을 요청하세요. 데이트폭력은 개인의 힘으로 끊어 낼 수 없어요. 누군가가 둘 사이에 끼어들어서 개입해야 해요.

'저렇게 피해를 입으면서도 왜 헤어지지 못하는 거야?'라고 생각하지 마세요. 단순히 피해자가 의지가 약해서 못 끊는 것이 아니라 가해자가 두려워서 못 끊는 경우가 많아요. 도움을 요청했는데도 주위에서 심각성을 모르고 제대로 도와주지 않아서, 보복이 두려워서 헤어지지 못하는 경우도 있어요. 그러니 혹시라도 친구가 이런 도움을 부탁한다면 적극적으로 도와주세요. 기관의 도움을 받고 싶다면 상담센터나 경찰서에 꼭 전화하세요.

성희롱, 성추행, 성폭행, 성폭력

'성희롱, 성추행, 성폭행, 성폭력'
성교육을 받을 때도, TV와 신문기사에서도 이 용어들을 많이 접했을 거예요. 그런데 막상 이것들을 구분하려니 참 쉽지가 않죠. 그래서 먼저 각각의 의미를 알아보고 난 다음에 자세한 이야기를 나누도록 할게요.[1]

① 성희롱
성폭력에 포함되는 개념으로 성에 관계된 말과 행동으로 상대

---
1) 네이버 지식백과 사전 참조

방에게 불쾌감, 굴욕감 등을 주거나 고용상에서 불이익을 주는 등의 피해를 입히는 행위를 말해요. 음란한 농담이나 외모에 대한 성적인 비유나 평가, 원하지 않는 신체접촉, (회사일 경우) 억지로 술을 따르도록 강요하는 행위 등이 성희롱에 포함돼요. 성희롱을 언어적인 성폭력으로만 생각하는 경우가 많은데요. 그렇지 않아요! 성희롱은 언어뿐만 아니라 행위도 포함해요. 보통 조직의 안에서 일어났느냐(성희롱), 밖에서 일어났느냐(성추행)의 차이로 성추행과 구분할 수 있어요.

② 성추행

성폭력의 하나인 성추행은 강제추행을 뜻해요. 여기에서 강제추행이 성희롱과 다른 것은 '폭행이나 협박'을 수단으로 '추행'한다는 거예요. 성추행은 성욕의 자극, 흥분을 목적으로 일반인의 성적 수치, 혐오의 감정을 느끼게 하는 행위를 말해요. 형법 제298조에 따라 강제추행한 자는 10년 이하의 징역 또는 1,500만 원 이하의 벌금에 처하고 있어요.

③ 성폭행

상대방의 동의 없이 성관계를 강요하는 것으로, 강간과 강간미수를 포함해요. 성추행, 성희롱과 함께 성폭력의 하나로 피해자에게 정신적, 육체적 고통을 주기 때문에 국가 차원에서 중죄로 다스리고 있어요. 우리나라에서는 폭행 또는 협박으로 사람을 강간한 자는 3년 이상의 유기징역에 처하고 있어요.

④ 성폭력

성폭력은 성희롱이나 성추행, 성폭행 등을 모두 포괄하는 개념으로 '성을 도구로 상대방의 의사에 반해 이뤄지는 모든 가해 행위'를 뜻해요.

이런 성범죄의 피해를 입고 나면 그 후유증이 엄청나요. 우리는 보통 직접적인 성관계가 있었던 성폭행만 피해가 클 것 같다고 생각하지만, 천만에요! 모욕적인 말을 들었거나 강제 추행을 당했을 때도 그 정신적, 육체적인 피해는 상당해요. 그렇기 때문에 만약 피해를 입은 친구가 도움을 요청했을 때 "그래서 잤어? 어디까지 당한 건데? 성관계까진 없었다니 다행이다"라고 말하는 것은, 피해자에게 2차 가해를 하는 것과 같아요.

성관계가 없었다 해도 이미 이 친구는 엄청난 상처를 받았잖아요. 피해를 입은 친구가 불편한 마음을 느끼고 충격을 받았다는 것 자체만으로도 이미 그 행위는 범죄인 거예요! 그러니 제발 그렇게 말하지 마세요! 대신, "그래서 너는 괜찮아? 많이 힘들고 아팠겠다. 말해 줘서 고마워"라고 따뜻하게 품어 주세요.

제가 상담을 하면서 정말 놀랐던 사실이 바로, 피해를 입었으면서도 아무에게도 말하지 못하는 친구들이 너무나도 많았다는 점이에요. 이런 친구들이 저에게 자주 하는 말들이 있어요.

"목사님, 제가 잘못해서 그래요. 제가 더 조심했어야 했는데 그러지 못한 것 같아요."

"제가 헤퍼서 그런 걸까요? 왜 저에게만 이런 일이 일어났을까요? 저에게 무슨 문제라도 있는 게 아닐까요?"

"도움을 요청해도 달라질 건 없을 것 같아요. 그냥 누군가에게 털어놓고 싶어서 목사님한테 말하는 거예요. 더 바라는 건 없어요. 제 이야기만 들어주세요."

"부모님한테는 죽어도 말을 못하겠어요. 충격 받으실 것 같기도 하고요. 제가 욕을 먹을 것 같기도 해요."

이런 말을 들을 때마다 정말 가슴이 찢어져요. 그동안 얼마나 힘들고 아팠을까. 이런 나쁜 짓을 저지른 가해자에게 벌을 주는 것도 물론 중요해요. 하지만 그보다 더 중요한 것은, 더 먼저 해야 하는 것은, 피해를 입은 친구들의 마음을 돌봐 주는 거예요.

혹시라도 이 글을 읽고 있는 친구들 중에 성범죄 피해 경험을 가진 친구들이 있다면 이 말을 여러분에게 꼭 해 주고 싶어요!

그런 일을 당한 건 결코 너의 잘못이 아니야!
네가 옷을 그렇게 입어서도 아니고
네가 그렇게 웃어서도 아니야.
네가 헤퍼서도 아니고
네가 원래 그런 아이여서도 아니야.
너한테 문제가 있어서 그런 일이 있었던 게 아니야.
그건 전적으로 너에게 나쁜 짓을 한 그 녀석의 문제야.
너한텐 아무 잘못이 없어.
그러니까 괜찮아!
그동안 마음고생 많았어. 이제 우리 함께 웃자!

그루밍 성범죄

지난 2018년 11월의 어느 날, 기자회견이 열렸어요. 본인들이 미성년일 때부터 한 교회의 목회자에게 피해를 입었다고 주장하는 여자 청년 4명이 기자들 앞에 섰어요. 우리

나라의 모든 언론사가 앞다투어 취재를 하러 왔고 한 시간 가량 기자회견이 진행됐어요. 이날부터 대한민국의 TV, 신문, 라디오, 인터넷 방송 등 여기저기에서 '그루밍'이라는 용어가 뜨겁게 이슈가 됐어요.

'그루밍'

아마 많은 분들에게 이 용어가 낯설 거예요. 본래 '그루밍'은 마부(groom)가 말을 빗질하고 목욕시켜 말끔하게 꾸민다는 데서 유래한 말이에요. '동물의 털 손질', '몸단장', '차림새' 등을 뜻해요. 그런데 이 용어가 어떻게 성범죄 사건에 사용된 걸까요.

이것에 대해 자세하게 말하기 전에, 저는 먼저 그루밍에 대한 제 생각을 확실하게 밝히고 싶어요. 저는 그루밍을 성범죄로 생각해요! 우리나라에는 그루밍 관련 법안이 없기 때문에, 아직 이것을 성범죄로 보기 이르다고 말씀하시는 분들도 계실 텐데요. 가해자의 협박과 회유, 강제성이 없었다고는 하지만 이것은 분명한 성폭력이며 범죄예요.

아마 이 부분을 보시면서 "왜 애들 보는 책에 좋지도 않은 이야기를 잔뜩 하는 거야", "애들이 그루밍을 알아서 뭐해" 하시며 걱정하시는 어른들이 계실지도 모르겠어요. 제가 그루밍 사건의 피해자들을 돕고 있는 목사이다 보니 혹시라도 책에 자극적인 이야기들을 담지는 않을까 불안해하실지도 모르겠어요. 이러한 우려를 다 알면서도 위험 부담을 안고 책에 굳이 그루밍에 대한 이야기를 하는 이유는, 그루밍 성범죄 피해자들의 대다수가 십 대 미성년들이기 때문이에요.

아동, 청소년 전문 성폭력 상담소인 '탁틴내일'에서 조사한 바에 의하면 2014년 7월부터 2017년 6월까지 3년 동안 접수된 총 78건의 20세 미만 피해자의 성폭력 피해 상담 사례를 분석한 결과, 그루밍 성폭력이 34건으로 43.9%를 차지했다고 해요. 20세 미만 전체 피해자 가운데 14~16세 피해자는 34.8%였으나, 그루밍 피해자 중 14~16세의 비율은 44.1%로 더 높았어요(17~19세 26.5%, 11~13세 14.7%, 6~10세 14.7%). 더 충격적인 것은 6~10세 성폭력 피해자는 모두 그루밍 피해자였다는 거예요.

이렇게 십 대 아동, 청소년들의 그루밍 피해가 상당히 큰데도 교회법은 물론이거니와 사회법도 아직 제대로 마련되어 있지 않아요. 이건 명확하게 문제라고 생각해요. 저는 많은 10대 친구들, 부모님, 교회 관계자분들이 그루밍에 대해 정확하게 아셨으면 좋겠어요. 그래서 사랑하는 아이들을 위해 함께 고민하고 목소리를 내 주셨으면 좋겠어요. 더 이상 어린 피해자들이 생겨나지 않기를 간절히 바라요. 이렇게 나쁜 짓을 해 놓고도 처벌받지 않고 또 다른 누군가에게 같은 짓을 저지르는 가해자들이 이제는 사라지길 바라요.

저는 아는 만큼 피해를 줄일 수 있다고 믿어요. 그래서 지금부터 그루밍이 무엇인지 자세하게 설명할 거예요. 우리 친구들도 꼼꼼하게 읽으면서 혹시라도 내가, 내 친구들이 과거에 이런 일을 겪었었다면, 현재 겪고 있다면, 지금 당장 주위에 도움을 요청하세요!

우리는 그동안 '성폭력, 성범죄'에 대한 이야기를 할 때 항상 '강제성, 폭력, 협박'의 여부를 따졌었어요. 상대방이 원치 않았는데도 물리적인 힘을 통해 강제로 압박했거나 폭력을 사용했다면 이것은 명백한 죄예요. 하지만 조금이라도 강제성이나 협박이 없었다면 이것은 죄가 되지 않아요.

엎친 데 덮친 격으로, 만약 앞의 경우라 할지라도 피해자 본인이 그 증거 사실을 밝혀내야 하기 때문에 그 과정 속에서 피해자들은 2차, 3차의 피해를 더 입을 수밖에 없어요. 후자의 경우에는 두말할 것도 없이 범죄 자체가 인정되기 어렵죠.

이런 사실 때문에 몇 년 전, 자신보다 훨씬 나이가 많은 연예기획사 대표에게 성폭행을 당한 여중생이 임신을 했음에도 대법원은 그 대표에게 무죄를 선고했어요. 두 사람이 주고받은 문자를 통해 서로 사랑하는 사이였다고 판결 내린 거예요. 이것이 성범죄를 바라보는 한국 사회의 현주소였죠. 그런데 이런 현실 속에서 갑자기 '그루밍'이라는 용어가 등장했어요.

그루밍 성폭력이란, 폐쇄적인 상황에 놓여 있거나 정신적으로 미약한 미성년자들에게 (혹은 성년들에게) 의도적으로 접근해서 친밀감을 쌓은 뒤 성범죄의 대상자로 삼는 것을 가리켜요. 쉽게 말하자면 애완동물을 길들이듯이 피해자들을 길들여서 성범죄를 저지르는 것이죠. 이렇다 보니 피해자들은 본인들이 피해를 입었다는 사실 자체를 아예 모르고 있거나 뒤늦게 알아차리는 경우가 많아요.

'탁틴내일'에서 발표한 바에 의하면, 그루밍 성범죄는 대게 다음과 같은 여섯 단계로 이루어져요.

1. 피해자 고르기
2. 피해자와 신뢰 쌓기
3. 피해자의 욕구 충족시키기
4. 피해자 고립시키기

5. 피해자와 자연스러운 신체 접촉을 유도하며 성적인 관계 형성하기

6. 협박과 회유를 통해 통제하기

한국 교회가 특히 더 그루밍에 주목해야 하는 이유는, 교회가 그루밍 성범죄가 일어나기 너무나도 좋은 환경을 가지고 있기 때문이에요. 기독교의 여러 통계자료들만 보더라도 목회자들, 교회 교사들이 그들의 지위를 이용한 (그루밍) 성범죄를 저지르기에 너무나도 좋은 환경을 가지고 있다는 것을 충분히 알 수 있어요.

저 역시 목사로서, 교회 안에서 일어나는 성범죄 가해자의 대부분이 목회자라는 사실이 참 가슴 아파요. 여러분에게 하나님의 말씀을 먹이고 바른 길로 인도해야 할 목회자가, 어린 친구들을 대상으로 말도 안 되는 범죄를 저지른다는 것이 참 비통해요.

이 글을 혹시라도 어른들이 보신다면 교단 차원에서도, 교회에서도, 성도들과 자녀들만을 대상으로 성교육을 할 것이 아니라 목회자들을 대상으로 하는 성교육도 하루빨리 실시될 수 있도록 제도적 장치를 마련해 주시기를 꼭 부탁드려요. 그리고 교회 안에서 이런 일이 터졌을 때, 특히 그 가해자가 목회자일 경우 이 일에 대해 쉬쉬하고 덮는 것이 아니라, 정식적으로 공론화하고 바르게 처벌할 수 있는 건강

한 교회 공동체가 되기를, 성도들이 되시기를 마음 다해 소망해요.

어디에 도움을 요청하면 좋을까요?

이런 일을 당하고 나면 순간 정신이 아득해져요. 누구에게 말해야 할지도 모르겠고 막막하기만 하죠.

여러분! 만약 본인이든지 주위의 친구든지 이런 피해를 입었다면 무조건 어른들에게 적극적으로 알려야 해요. 부모님에게 말하는 것이 가장 좋지만 상황이 그렇지 못하다면 여러분이 가장 신뢰할 수 있는 어른을 찾아가세요. 목사님, 전도사님도 좋고 선생님들도 좋아요. 절대로 혼자 끙끙거리지 마세요! 주위의 도움을 받아야 해요. 그리고 필요하다면 기관의 도움을 받는 것도 매우 중요해요.

성범죄 피해를 입었을 때 연락할 수 있는 기관 몇 군데를 가르쳐 드릴게요. 참고로 제가 가르쳐 드리는 기관들은 기독교 기관은 아니에요. 하지만 여러분이 믿고 연락할 수 있는 곳들이에요. 여러분의 심리 상담뿐 아니라 필요한 경우에는 법적 자문까지도 받을 수 있는 곳이에요. 대표 번호가 서울 지역 번호로 되어 있지만 대부분 각 지역별로 상담

기관이 운영되고 있으니 전화해서 안내를 받으면 돼요.

- **한국성폭력상담소**

  전화 : 02-338-5801   홈페이지 : www.sisters.or.kr

- **탁틴내일 청소년 성폭력 상담소**

  전화 : 02-3141-6191   홈페이지 : www.tacteen.net

- **한국여성의전화**

  전화 : 02-3156-5400   홈페이지 : www.hotline.or.kr

- **서울해바라기센터**

  전화 : 02-3672-0365   홈페이지 : www.help0365.or.kr (24시간 운영)

'수치심'에 대하여

"그 일을 겪었을 때 넌 얼마나 수치스러웠니."

우리는 성범죄의 피해를 입은 친구들에게 '수치, 수치심'이라는 단어를 많이 말해요. 그런데 여러분, 피해자들을 위로한다고 무심코 던진 이 말 한마디에 엄청난 함정이 있다는 것을 아나요?

제가 피해자 친구들을 상담하면서 가장 가슴 아플 때가 언제냐면 친구들이 제 얼굴을 똑바로 쳐다보지 못할 때예요. 하나같이 전부 죄인인 것처럼 고개를 푹 숙이고 있죠. 그때마다 저는 그 친구에게 이렇게 말해요.

"괜찮아. 고개 들어도 돼. 네가 잘못한 거 아니야!"

수치심이라는 단어의 사전적 의미를 살펴보면, '스스로를 부끄럽게 여기는 마음'이에요. 그렇다면 저는 이렇게 묻고 싶어요. '과연 누가 수치심을 느끼는 것이 정상일까요? 피해자일까요 가해자일까요?'

<u>진짜 수치심을 느껴야 할 사람은 바로 피해자가 아니라 가해자예요!</u> 왜 피해를 입은 친구들이 스스로를 부끄럽게 여겨야 하나요. 제가 앞에서도 말했었죠? 피해자는 아무런 잘못이 없다는 것을요. 그런 짓을 저지른 가해자의 문제일 뿐이에요. 그런데 우리는 너무나도 아무렇지 않게 피해자 친구들에게 수치심을 강요해요.

"얼마나 수치스러웠니. 수치스러웠지? 수치스러웠을 거야."

이 말을 바꿔 보면 이렇게 돼요.

"너 스스로가 얼마나 부끄러웠니. 부끄러웠지? 부끄러웠을 거야."

저는 진심으로 이런 사회적, 교회적 분위기가 없어졌으면 좋겠어요! 피해자들이 아닌 가해자가 고개를

숙이는 세상이 되길 바라요. 피해를 입은 친구들이 당당하게 본인의 피해 사실을 알릴 수 있고, 적극적으로 도움 받을 수 있는 분위기가 교회에서부터 시작되기를 바라요.

Part 5

아자아자,
진짜 하나님의 자녀로
살아가기!

01
'삐~ 삐~'
그럼에도 세상을 향해 외쳐야 할 이야기!

제가 TV 프로그램 중에서 몇 년 동안 꾸준히 챙겨 보는 게 있어요. 아무리 바빠도 특별한 일이 없는 한 본방을 사수하려고 노력하죠. 래퍼들이 나와서 랩 실력을 겨루는 프로그램인데요. 시즌 1부터 꼬박꼬박 봤어요. 약간 불량해 보이는 말투와 몸짓으로 거침없이 랩을 하는 래퍼들을 보면 감탄이 절로 나오더라고요. 속이 시원하기도 하고요.

저의 이런 무한 사랑은, 제가 임신을 했을 때도 이어졌어요. 그런데 이때는 정말 심각하게 고민하지 않을 수 없었어요. 보통 엄마들이 아기를 가지면 태교를 위해서 클래식을 듣는데, 과연 랩을 들어도 괜찮을지 엄마로서 양심의 가책을 느끼게 됐던 거죠. 그래서 이번만큼은 꾹 참고 클래식을 들어야겠다고 마음을 먹었어요.

아, 그런데 큰 복병이 있었으니! 한 집에 사는 제 남편이 도와주지를 않는 거예요! 참고로 저보다 남편이 랩을 더 좋아해요. 저는 안 보려고 참고 있는데 옆에서 재미있다고 막 깔깔 거리면서 보더라고요. 그때마다 너무 궁금해서 "뭐가 그렇게 재밌어? 뭔데 그래?" 하면서 슬금슬금 옆으로 가서 조금씩 봤죠. 결국…! 그냥 보게 됐어요. 하하! "엄마가 행복해야 아기도 행복해!"라고 외치며 새로운 태교의 길을 열었죠. 이런 랩 태교 덕분인지 실제로도 아들 건이의 리듬감은 끝내준답니다! Ye~!

아무튼 그러던 어느 날 밤, 그날도 본방 사수를 하기 위해 설교 준비를 미리 끝내 놓고 TV 앞에 앉았어요. 아마 이 프로그램을 보셨던 분들은 대부분 아실 텐데요. 중간 중간에 '삐~' 하는 소리가 자주, 그리고 많이 등장해요. 장르가 랩이다 보니 욕설이나 자극적인 표현이 많아서 바로바로 '삐' 처리가 되는 거죠.

그런데 이날, 경쟁에 참가한 래퍼들 중에 유독 제 눈길을 끌었던 한 사람이 있었어요. 기괴한 옷을 입고 특이한 머리와 화장을 했더라고요. 불만이 가득한 눈빛으로 랩을 마 하는데 처음부터 끝까지 계속 '삐~' 처리가 되는 거예요.

"쟤 뭐야? 웃긴다."

처음에는 아무 생각 없이 웃으면서 봤는데 점점 제 기분이 이상해졌어요. 랩을 하는 그 사람의 눈빛이 정말 진지했거든요. 그리고 얼마 뒤 제 가슴에 쿵! 하고 와닿는 것이 있었어요.

'혜민아, 저것 봐. 저 사람은 지금 다른 사람들에게 자기의 신념, 자기의 생각을 분명하게 말하고 있잖아. TV에서 삐 처리가 되든 말든 저 사람에게는 그것이 중요한 게 아니야. 다른 사람들이 우스꽝스럽게 보더라도 끝까지 자기의 이야기를 확신 있게 전하고 있잖니. 그렇다면 우리는 어때야 할까? 이 세상의 오직 진리 되시는 하나님의 말씀을 믿는다는 우리는 이 세상을 향해서 어떻게 말해야 할까? 무엇을 전해야 할까?'

물론 랩이 '삐' 처리 된 것과 복음을 전하는 것에는 엄청난 차이가 있다는 것은 알아요. 하지만 그럼에도 이런 생각들이 꼬리에 꼬리를 물었고 한참 동안 고민하게 됐죠.

'크리스천으로서 이 세상 가운데서 살아간다는 건 무엇을 의미하는 걸까…'

일상 속에서 하나님 나라 세우기

"목사님, 이런 얘기는 교회 다니는 애들하고만 해요. 교회 안 다니는 친구들한테 하면 괜히 욕먹어요."

강의가 끝나면 몇몇 친구들이 장난스럽게 이런 말을 해요. 우리가 그동안 나눴던 성에 대한 이야기를, 하나님을 모르는 친구들에게 하면 안 된다는 거예요. 결론은 '우리끼리 잘하자'는 거죠. 물론 교회가 먼저 반성하고 노력하는 게 맞아요. 하지만 여기서만 그쳐서는 안 돼요. 교회는 교회의 울타리를 넘어서야 해요. 선하고 좋은 영향력을 끼칠 수 있도록 세상을 향해서 적극적으로 목소리를 높이고 움직여야 해요. 본을 보여야 해요.

> 너희는 이 세대를 본받지 말고 오직 마음을 새롭게 함으로 변화를 받아 하나님의 선하시고 기뻐하시고 온전하신 뜻이 무엇인지 분별하도록 하라(롬 12:2).

많은 기독교인들이 이 말씀을 참 좋아하지만 그만큼 읽을 때마다 부담감을 느끼는 것도 사실이에요. 특히 "이 세대를 본받지 말고"라는 부분을 읽으면 더욱이요. 이 세상을 본받지 말라는 것은 어떤 의미일까요? 우리는 보통 그 의미를 이렇게 생각해요.

'아… 앞으로 가요 부르지 말고 찬송가, CCM만 부르라는 거구나!'

'아… 믿지 않는 친구들이랑 어울리지 말고 교회 다니는 친

'구들하고만 어울리라는 거구나!'

'아… 더 열심히 성경 읽고 기도하라는 말이구나!'

'아… 더 열심히 교회에 다녀야 한단 말이구나!'

이 세상의 가치관에 휩쓸리지 않기 위해서는 교회 생활을 더 열심히 해야 하고, 교회 봉사도 잘 해야 하고, 교회에 다니는 친구들과 더 어울려야 한다고 생각하죠. 여러분, 이 모든 것이 다 틀렸다는 말이 아니에요. 다만 저는, 이렇게 모든 생각과 결심이 교회 안으로만 향한다는 사실이 너무나도 안타까워요.

예수님께서 제자들에게 가르쳐 주신 기도, 주기도문을 보면 이런 내용이 나와요.

아버지의 뜻이 하늘에서와 같이 땅에서도 이루어지게 하소서.

여기에서 말하고 있는 '땅'은 바로 우리가 발 딛고 살아가는 이 세상을 말하는 거예요. 예수님께서 우리에게 말씀하신 '하나님의 나라'는 결국 나(개인), 교회뿐 아니라 이 세상도 포함하고 있다는 거죠. 그런데 정작 우리는 하나님의 나라를 말할 때 이 세상을 돌아보지 않아요. 심지어 교회에서 사회에 대한 이야기를 하면 안 좋은 시선으로 바라보죠. 이것은 하나님께서 원하시는 모습이 아니에요.

복음서(마태복음, 마가복음, 누가복음, 요한복음)에 적혀 있는 예수님의 모습을 보면, 절대로 교회에만 머물러 계시지 않았어요. 회당(지금의 교회)이나 길거리, 어느 곳에 계시든지 하나님의 나라를 전하셨어요. 예수님이 가시는 곳마다 아픈 자들이 고침을 받았고, 눈먼 사람들이 다시 앞을 보게 됐고, 절망 속에 있던 사람들이 희망을 바라보게 됐어요. 이로써 교회 밖에 있던 많은 사람들이 하나님의 나라를 알게 됐고 사랑을 경험하게 됐어요.

저는 바로 이 점이 우리가 닮아야 할 모습이라고 생각해요. "나만 잘 믿으면 돼! 우리 가족만 구원받으면 돼! 세상에서 일어나는 일들은 몰라도 돼! 우리는 세상을 위해서 기도만 하면 돼!"라고 말하는 것은 어쩌면, 내가 아직 진짜 하나님을 모른다는 증거일 수 있어요.

우리는 그동안 성에 대해 많은 이야기들을 나눴어요. 이 책을 통해 새로운 것을 알게 된 친구들도 있을 것이고, 그동안 고민했던 부분들에 대한 답을 찾은 친구들도 있을 거예요. 내가 알게 됐고 깨닫게 됐다면, 이제 내가 결심한 부분을 적극적으로 실천에 옮겨 보세요. 그리고 주위 친구들과도 함께 나누세요. 아마 교회에 다니는 친구들과는 대화가 잘 통하겠지만 교회에 다니지 않는 친구들로부터는 온갖 찰진 욕과 무관심을 받을지도 몰라요. 하나님을 모르는 친구들에게는 여러분이 전하는 이야기들이 '삐~'로 들릴 거예요. 하지만 그렇다고 실망하지 말아요. 그럼에도 꾸준히 세상을 향해서 외치세요.

말만 번지르르하게 하는, 입만 살아 있는 크리스천이 아니라, 진짜 삶으로 하나님의 나라를 전하는 매력적인 크리스천이 되어 주세요. 그래서 정말로 하나님이 기뻐하시는, 세상에 좋은 영향력을 줄 수 있는 멋진 '너'가 될 수 있기를 마음 다해 기도할게요.

02
너를 사랑하고 응원해!

와! 벌써 마지막 챕터네요. 포기하지 않고 여기까지 오느라 정말 수고 많았어요.

이 책을 처음 쓸 때 엄청 두근거렸던 게 생각나요. 해 주고 싶은 말들은 정말 많은데, 이를 어떻게 잘 정리해서 전할 수 있을지 기대 반 두려움 반이었거든요. 그런데 돌아보니 책을 쓰는 모든 순간이 참 행복했고, 제 개인적으로도 많이 성장할 수 있었던 시간이었어요. 바닷가에서도, 산에서도, 눈이 펑펑 쏟아질 때도, 또 너무 더워서 땀이 줄줄 쏟아질 때도 열심히 노트북을 들고 다니면서 썼던 기억이 새록새록 나네요. 그만큼 저에게는 이 책이 참 특별해요. 그런데 이것보다도 지금 이 책을 펼쳐서 읽고 있는 '너'가 저에게는 훨씬 더 특별해요.

여러분은 정말 아름답고 사랑스러워요.

단순히 얼굴이 예쁘고 잘생겨야만, 공부를 잘해야만, 집안이 좋아야만 사랑받는 게 아니에요. 하나님은 여러분을, 본인의 형상을 닮도록 사랑을 가득 담아 하나하나 정성스럽게 만드셨어요. 그러니 이제 '진짜' 하나님의 사랑을 마음껏 누리세요. 돌덩이처럼 가슴 속에 무겁게 자리 잡고 있던 문제들을 꺼내어 보세요. 하나님은 지금도 여러분에게 손을 내밀고 계세요. 기다리고 계세요.

이 책이 여러분에게 지식만 전달하는 책으로 끝나지 않길 바라요. 너무 힘들어서 누군가에게 말도 못하고 끙끙거리는 친구들에게 작은 위로가 되어 줄 수 있는, 손잡아 줄 수 있는 따뜻한 책이 되길 바라요.

> 넘어지더라도 우리 함께 다시 일어나요.
> 여러분의 이야기를 들어줄게요.
> 함께 울어 주고 함께 웃어 줄게요.

어디에 있든지, 어느 곳에 있든지 항상 여러분을 사랑하고 응원해요!

Part 6

알쏭달쏭, 궁금한 게 있어요!

01
혼전 순결의 기준이 뭐예요?

"목사님, 교회에서 말하는 혼전 순결의 기준이 어디까지인지가 궁금해요. 저는 남자친구와 사귀면서 한 번도 삽입한 적은 없지만 그 직전의 단계까진 갔거든요. 그렇기 때문에 솔직히 저는 한 번도 잠자리를 가져 본 적이 없다고 생각해요. 제 생각이 잘못된 건가요?"

요즘 이런 질문을 정말 많이 받아요. 더 놀라운 건 이러한 질문을 십 대 친구들뿐 아니라 청년들, 심지어 신학교에 다니는 대학생들도 한다는 거예요. 결론적으로 말하자면, 진한 스킨십과 애무는 있었지만 삽입 관계는 하지 않았기 때문에 순결을 지켰다고 생각하는 것은 잘못된 거예요! 성경에 혼전 순결의 명확한 의미가 적혀 있지 않기 때문에 사람마다 해석의 차이는 있겠지만 저는 혼전 순결의 기준이 '삽입'에만 있지 않다는 점을 분명히 말하고 싶어요. 단순히 삽입했느냐, 안 했느냐의 문제로 접근하면 성(性)을 문자적으로만, 율법적으로만 해석할 위험성이 있어요. 이게 무슨 말이냐고요?

'혼전 순결의 기준은 이거야!' 이렇게 사람들이 명확하게 규정하고 싶은 진짜 이유는, 이 '선'만 넘지 않으면 그 안에서는 내 마음대로 할 수 있다는 그릇된 마음이 저변에 깔려 있기 때문이에요. 그리고 '선'의 기준이 명확할수록 이것을 지키지 못하고 넘어 버린 사람들을 쉽게 가려낼 수 있고 그들을 질책하고 교훈할 수 있죠. 이건 하나님의 말씀을 순전히 내 입맛에 맞게 해석하는 거예요. 성경을 보면 이런 식으로 하나님의 말씀을 잘못 해석한 사람들이 있었어요. 바로 바리새인들이에요.

누가복음 6장을 보면 예수님께서 안식일에 한쪽 손 마른 사람을 고치신 사건이 등장해요. 당시 법으로는 하나님이 정하신 안식일에는 그 어떤 일도 하면 안 됐어요. 바리새인들이 지키고 있었던 안식일 법이 무려 39가지나 됐다고 하니(씨 뿌리지 말 것, 밭 갈지 말 것, 곡식을 거두거나 타작하지 말 것 등) 그 분위기가 짐작이 되지요?

당연히 예수님도 이 법을 알고 계셨죠. 하지만 예수님은 일부러 한쪽 손 마른 사람을 사람들 앞에 일으켜 세우신 후에 이렇게 말씀하셨어요. "안식일에 선을 행하는 것과 악을 행하는 것, 생명을 구하는 것과 죽이는 것, 어느 것이 옳으냐?" 이 말씀을 마치신 후 보란 듯이 그를 고쳐 주셨지요. 안식일의 주인이신 예수님은 사람들에게 진짜 안식일의 의미를 일깨워 주고자 하셨어요. 그리고 직접 참 사랑의 삶을 보여 주셨어요.

원래 안식일은 쉼이 있는 건강한 사회를 만들라는 하나님의 명령이었는데, 바리새인들은 그들만의 안식일 전통 기준으로 이것을 해석했던 거죠. 그래서 안식일의 진짜 의미를 무시한 채 사람을 살리는 일조차도 정죄했던 거예요. 이것은 분명 잘못된 거예요!

혼전 순결의 기준에 대한 이야기도 똑같아요. "삽입만 안 하면 괜찮아! 그러니 그 전까지는 마음대로 해도 돼!" 이런 생각은 바리새인들처럼 하나님의 말씀을 내 마음대로 해석하고자 하는 거예요. 이렇게 말하는 건 말장난밖에 되지 않아요.

저는 여러분이 하나님께서 우리에게 진정으로 말씀하시고자 하는 성의 참 의미를 바르게 해석했으면 좋겠어요. 순결은 단어의 뜻 그대로 '마음에 더러움이 없이 깨끗한 상태'를 뜻해요. 하나님 앞에 더러움 없이, 거리낌 없이 하나님이 우리에게 선물로 주신 성을 아름답고 건강하게 누릴 수 있길 바라요.

02
야한 생각이 드는 것 자체가 죄인가요?

"저는 고등학생 2학년 남학생인데요. 요즘 너무 괴로워요. 시도 때도 없이 야한 생각이 올라오거든요. 성경은 여자를 보고 음욕을 품는 것만으로도 죄라는데 그럼 저는 매일 큰 죄를 짓고 있는 건가요?"

본인의 솔직한 이야기를 이렇게 나눠 줘서 정말 고마워요. 자세한 이야기를 나누기 전에, 먼저 친구가 저에게 질문하면서 인용한 성경 말씀부터 살펴봤으면 좋겠어요. 이 말씀은 마태복음에 나와요.

> 또 간음하지 말라 하였다는 것을 너희가 들었으나 나는 너희에게 이르노니 음욕을 품고 여자를 보는 자마다 마음에 이미 간음하였느니라(마 5:27-28).

그동안 교회에서 성에 대한 설교나 강의를 할 때 이 말씀을 본문으로 많이 사용했어요. 단순히 직접적인 스킨십이나 성관계가 있어야만 간음한 것이 아니라, 어떤 이성을 보고 마음으로 음욕을 품어도 간음한 것이기 때문에 더 순결하고 거룩해야 한다는 결론으로 항상 끝을 맺었죠.

아마 지금 이 질문을 던진 친구 말고도 그동안 교회 안에서 이 말씀 때문에 괴로웠던 분들이 정말 많을 거예요. 이성을 바라보면서 마음이 흔들릴 때마다 이 본문을 떠올리면서 울며 기도했던 사람도 분명 있을 거고요. 물론 예수님께서 우리에게 성의 거룩함을 강조하신 건 맞지만 이 말씀을 단순히 이렇게 문자적으로만 해석하면 안 돼요.

본문을 다시 살펴볼까요?

"또 간음하지 말라 하였다는 것을 너희가 들었으나."

이 부분은 유대인들이 그동안 지켜 왔던 율법이었어요. 그런데 예수님께선 유대인들이 정해 놓은 법보다 훨씬 더 엄격한 말씀을 하세요.

"여자를 보고 음욕을 품는 자마다 마음에 이미 간음하였느니라."

어때요? 유대인들이 말하고 있는 율법보다 예수님께서 말씀하신 율법이 훨씬 더 지키기 어려워 보이죠? 이 율법을 그대로 지킬 수 있는 사람이 과연 몇이나 될까요? 아마 거의 없을 거예요. 그럼 예수님께서는 왜 이렇게 현실성 없어

보이는 율법을 주신 걸까요? 이유는 간단해요.

사람과 사람 사이에 발생하는 도덕적인 율법만으로는, 행위로 인한 율법만으로는, 결코 구원에 이를 수 없다는 것을 돌려서 말씀하고 계신 거예요. 당시 많은 사람들은 '내가 열심히 율법을 지키면 천국에 들어갈 수 있어!', '이렇게 율법을 잘 지키려고 노력하고 똑바르게 행동하면 난 구원받을 수 있어!'라는 생각을 가지고 있었어요. 그래서 상대적으로 율법을 잘 지키며 사는 바리새인들이 존경을 받았고, 그들은 자기들보다 율법적인 삶을 살지 못하는 다른 사람들을 쉽게 정죄하고 무시했어요. 하지만 책의 앞에서도 말했듯이 우리가 천국에 들어갈 수 있는 유일한 방법은 예수님을 그리스도로 고백하고 그분의 십자가 죄 사함 사건과 부활을 믿는 것뿐이에요!

그래서 예수님은 하나님을 믿는 것보다 율법 지키는 것에만 매달리는 바리새인들을 향해 따끔하게 충고하신 거예요. 인간이 절대로 지킬 수 없는 아주 엄격한 율법을 말씀하시면서, 이 율법을 그대로 지킬 수도 없을 뿐더러, 지킨다 하더라도 이것만으로 결코 천국에 들어갈 수 없다는 것을 깨닫게 하고자 하신 거죠.

그런데 교회는 이 말씀을 문자 그대로 받아들였고 마음에 조금이라도 음욕이 올라오는 것을 큰 죄로 여겼어요. 이렇다 보니 많은 크리스천이 이 말씀에 비춰봤을 때 자신을 아주 음란하고 형편없는 존재로 여기게 된 거예요.

물론 그렇다고 해서 마음에 함부로 음욕을 마구 품어도 된다고 허락하는 것은 아니에요. 다만 본능적으로 자연스럽게 올라오는 이성에 대한 호감, 성적 욕구까지 싸잡아서 죄로 여기는 것은 분명 문제가 있다고 말하는 거예요.

자, 그럼 다시 친구의 질문으로 돌아와 볼까요? 이 짧은 질문만 가지고는 다 알 수 없지만 야한 생각이 자주 올라오는 건 현재 고2 남학생으로서 어쩌면 자연스러운 반응이라는 생각이 들어요. 청소년기는 아주 다양하고 복잡한 신체적, 심리적인 변화를 겪는 시기예요. 성에 대한 호기심이 가장 활발하게 일어나는 때이기도 하지요. 야한 생각에 병적으로 집착한다거나 도덕적, 법적으로 문제 될 정도의 호기심이나 나쁜 시도를 하지 않는다면 자신의 심리적, 신체적인 반응들을 건강하게 이해하고 인정했으면 좋겠어요. 이건 죄가 아니라 하나님께서 만드신 인간의 자연스러운 성장 과정 속에서 나타나는 모습이거든요.

그런데 혹시라도 이런 자연스러운 반응을 넘어서 집착과 금단 등의 심각한 중독 증상을 보인다면 반드시 주위의 믿을 수 있는 어른이나 전문가에게 상담을 요청하세요.

03
같은 반에 동성애를 하는 친구가 있어요

"반에 동성애자 친구가 있어요. 근데 얘가 그것 말고는 진짜 문제가 하나도 없어요. 공부도 잘하고, 성격도 좋고 제 이야기도 잘 들어줘요. 그런데 교회에선 동성애가 큰 죄라고 하잖아요. 그럼 얘랑 더 이상 친구하면 안 되는 건가요? 이 친구에게 동성애에 대해서 어떻게 말해야 하죠?"

요즘 어딜 가나 동성애에 대한 주제는 정말 핫이슈인 것 같아요. 이 짧은 글 안에 동성애에 대한 모든 이야기를 다 담을 수는 없어요. 하지만 친구가 질문한 것에 최대한 맞춰서 자세하게 대답해 볼게요.

기본적으로 동성애에 대한 (교회의) 입장은 극단적인 혐오든지 극단적인 지지든지 크게 둘로 나뉘어요. 제가 현장에서 동성애에 대한 이야기를 할 때마다 안타까운 지점이 비로 이 부분이에요. 한참 설명을 하고 있으면 사람들은 바로 이렇게 물어봐요. "그래서 목사님은 찬성하세요, 반대하세요?" 특히나 동성애 주제에 있어서는, 가운데 입장에서 말하는 게 절대로 불가능해 보여요.

아, 이렇게 말하면 이 글을 읽는 친구들이 헷갈려 할 수도 있으니 먼저 제 생각을 분명하게 말할게요. 저는 동성애가 죄라고 생각해요. 성경 그 어디에도 동성애에 대해 옹호하거나 죄가 아니라고 말하는 부분은 없어요. 오히려 성경 여러 곳에서 동성애가 죄라고 말하고 있지요(창 19:5, 19:8, 레 18:2 ; 롬 1:26-27 ; 고전 6:9-10 ; 딤전 1:10 등).

동성애에 대한 제 입장은 이렇지만 아이러니하게도 실제로 제 주위에는 동성애를 하고 있는 제자들, 상담자들이 제법 많아요. 그래서 간혹 어떤 분들은 저를 의심의 눈초리로 보시더라고요. 저는 저를 찾아오는 동성애 친구들을 절대로 내쫓지 않아요. 정죄하지도 않죠. 오히려 그들의 이야기를 들어주고 손을 잡아 줘요. 그렇다고 해서 그들이 하고 있는 동성애 자체를 찬성하는 건 아니에요. 그럼 어떻게 이것이 가능할까요?

동성애가 죄라고 해서 동성애자를 무조건 미워하고 차별하는 게 맞을까요? 절대로 아니에요! 죄를 쳐내는 것과 사람을 받아들이는 건 엄연히 다른 문제예요. 동성애자도 하나님의 형상으로 지음 받은 존재라는 사실을 잊어서는 안 돼요. 동성애는 여러 부도덕한 성적 문제들 중 하나이지 특별한 죄가 아니에요.

그런데 이렇게 말을 하면 동성애를 혐오하는 쪽에서도,

지지하는 쪽에서도 맹비난을 퍼부어요. 죄와 사람을 받아들이는 문제가 어떻게 다르냐는 거죠. 그런데 이렇게 불가능해 보이는 이야기가 바로 성경에 나와요.

요한복음 8장을 보면 간음한 여인의 이야기가 나와요. 바리새인들이 예수님을 시험하기 위해서 간음하다가 현장에서 잡힌 여인을 그 앞으로 끌고 와요. 모세의 율법에 따르면 그 여인은 돌로 쳐 죽여야 했어요. 하지만 예수님은 "너희 중에 죄 없는 자가 먼저 돌려 쳐라"라고 말씀하셨고 결국 여인들을 비난하던 사람들은 다 그 자리를 떠났어요. 그리고 예수님은 간음한 여인에게 "가서 다시는 죄를 범하지 말라"라고 하시며 용서해 주셨죠.

우리가 여기에서 눈여겨볼 부분이 있어요. 예수님은 여인에게 "너는 죄가 없다"라고 말씀하시지 않았다는 거예요. 예수님은 분명히 여인의 죄를 인지하고 계셨어요. 그래서 여인에게 다시는 그와 같은 '죄'를 짓지 말라고 말씀하셨지요. 그 당시의 간음죄는 돌로 쳐 죽임을 당할 만한 큰 죄였음에도 예수님은 여인을 용서해 주셨어요.

이미 동성애를 혐오하는 분위기가 자연스럽게 퍼져 있는 교회 안에서, 이렇게 동성애자를 받아들이는 문제가 쉽지 않다는 건 알아요. 하지만 그렇다고 전혀 불가능한 것은 아니에요! 하나님이 창조하신 창조질서에서 보면 동성애는 명백하게 죄이지만 그들도 하나님의 형상으로 지음 받았다는 사실을 기억해야 해요. 따라서 동성애자들이 특히 교회 안에서 부당한 대우를 받아서는 안 돼요.

저는 공의와 사랑에서 차별이 없으신 하나님을 믿어요. 그래서 앞으로도 동성애자들이 저를 찾아오는 것을 막지 않을 거예요. 함께 이야기를 나누고 손을 잡으며 그들에게 예수님의 사랑을, 하나님의 말씀을 전할 거예요.

이것이 모순이라고요? 불가능하다고요? 그렇게 생각하지 말아요. 기독교는 원래 모순적인 종교잖아요. 예수님의 가르침은 항상 그랬잖아요. 세상에서는 섬김을 받고 싶으면 힘을 더 길러서 다른 이들에게 섬김을 강요하라고 하지만 예수님은 오히려 섬기라고 하시잖아요. 세상에서는 높아지고 싶으면 그만큼 더 높은 자리로 올라가라고 하지만 예수님은 오히려 낮아지라고 하시잖아요. 예수님의 가르침은 원래 이랬잖아요. 우리는 우리의 머리로는 결코 이해할 수 없는 이 사랑의 말씀을 믿는 크리스천들이잖아요.

04
자위는 죄인가요?

"목사님, 저는 자위를 자주하는 편이에요. 저만 이런가 싶어서 친한 친구들에게 물어봤는데 걔네도 자주 한다고 하더라고요. 그래서 이게 자연스러운 거라고 믿고 싶지만 자위를 하고 나면 죄책감이 엄청 몰려와서 괴로워요. 자위하는 것은 죄인가요?"

자위에 대해 질문하는 청소년, 청년들이 정말로 많아요. 그런데 이 문제에 있어서 우리가 착각하면 안 되는 것 중에 하나가 뭐냐 하면, 자위는 남자 친구들만의 문제라고 생각하는 거예요. 그런데 절대 그렇지 않아요! 저와 상담했던 여자 친구들 중에서도 자위로 고민하는 친구들이 상당히 많았거든요. 아무튼 자위 문제는 그동안 교회 안에서 쉽게 꺼내지 못하는 주제 중 하나였어요. 아니 어쩌면 절대적으로 성적 순결을 지켜야 하는 분위기 속에서 자위도 당연히 하면 안 되는 것이기 때문에, 또 민망한 주제이기도 해서 말하기 꺼렸을 수 있죠.

자위가 죄냐 아니냐를 말하기 전에 여러분! 자위에 대한 놀라운 사실이 뭔지 아세요? 바로 사람은 엄마 배 속에서부터 자위를 한다는 거예요. 그리고 유아시기의 아이들도 자위를 해요. 이것을 유아자위라고 하는데요. 유아시기의 자위는 단순한 놀이에요. 간혹 유아를 키우는 부모님 중에 이 모습을 보고 깜짝 놀라셔서 우리 아이가 혹시 잘못되지는 않을지, 성적으로 문란하게 크지는 않을지 걱정하시는 분들이 계시는데요. 어린아이의 경우에는 성욕에 따른 것이 아니라 본능적으로 좋은 기분에 집중하는 것이기 때문에 이럴 때는 당황하지 말고 자연스럽게 다른 곳으로 관심을 돌려주시면 돼요. 자위 자체를 나쁜 행동으로 인식하지 않도록, 그래서 여기에 더 집착하지 않도록 도와주시면 돼요.

물론 여기에서 친구가 질문한 청소년기의 자위는 유아자위와는 완전히 달라요. 2차 성징으로 인해 성 충동이 가장 왕성해지는 청소년기와 유아기를 똑같이 놓고 생각할 수는 없죠. 그러나 자위 자체를 바라보는 관점은 별로 다르지 않아요. 결론적으로 저는 자위 자체를 죄라고 얘기할 수는 없다고 생각해요. 위에서도 밝혔듯 자위는 자기 몸을 관찰하는 자연스러운 행위거든요.

하지만 그럼에도 청소년기의 자위가 염려스러운 지점은 분명 있어요. 바로 자위가 음란물과 함께 진행된다는 거예요. 청소년기는 성 충동이 활발하게 일어나는 시기이기 때문에 어쩌다 올라오는 야동에 대한 욕구, 자위에 대한 욕구 자체를 전부 죄라고 말하고 싶지는 않아요. 다만 이것에 집착하고 강박 증상을 보이는 중독의 증상이 나타나는 것은 분명히 문제예요. 심심할 때마다, 무료할 때마다 나도 모르게 습관적으로 자위를 하고 있다면 이건 여러분이 자위 중독에 빠졌다는 증거예요. 이럴 때는 전문가와 상담해 볼 것을 권유해요.

예전에 청소년기 자녀의 자위교육과 관련해서 이런 유명한 말이 있었어요. "자녀가 사춘기가 되면 아들의 방에 휴지를 넣어 줘라!" 저는 굳이 이렇게 자위를 권장할 필요도, 그렇다고 자위를 완전히 죄로 규정하고 하지 못하도록 막을 필요도 없다고 생각해요. 하나님이 선물로 주신 성, 성 충동, 욕구를 어떻게 하면 건강하게 해소할지 함께 솔직하게 고민하고 나누는 것 자체가 더 의미 있다고 생각해요.

어른들의 질문

05
혼전 순결 서약식! 해야 하나요, 말아야 하나요?

"저는 ○○교회 고등부 부장집사입니다. 우리 교회는 아주 오래 전부터 혼전 순결 서약식을 전통처럼 해 왔습니다. 얼마 전 교회 안에서 큰 성 문제들이 몇 건 있었는데 이 일로 선생님들은 순결 서약식을 더 자주해야 한다고 하십니다. 그런데 솔직히 부장으로서 고민이 됩니다. 학생들에게 서약식을 하는 것이 어떤 의미가 있는지 확신이 서질 않아서요. 목사님께서 조언을 해 주시면 좋을 것 같습니다."

저를 초청해 주시는 교회에서 설교나 강의 후에 많이 부탁하시는 게 바로 혼전 순결 서약식 인도예요. 학생들에게 혼전 순결에 대한 중요성을 이야기한 다음에 결단의 시간으로 서약식을 진행하면 좋을 것 같다고 하시더라고요.

결론적으로 말씀드리면 저는 혼전 순결 서약식을 반대합니다. 책의 앞에서도 밝혔듯이 우리 다음 세대 친구들이 순결을 지킬 수 있도록 열심히 인도하는 건 분명 필요하다고 생각해요. 하지만 그 방법으로 혼전 순결 서약식을 선택하는 건 전혀 다른 문제예요. 성교육의 장기적인 측면에서 볼 때 이것은 오히려 위험하다고도 볼 수 있어요. 그것은 서약식이 가지고 있는 폭력성 때문에 그래요.

성에 대해 솔직하고 자유롭게 이야기할 수 있는 분위기가 교회 안에 충분히 형성되지 않은 상태에서 서약식을 진행하게 되면 어떤 일이 발생할까요? 물론 선을 넘지 않은 친구들에게는 좋은 결단의 시간이 될 거예요. 하지만 반대로 이미 선을 넘어 버린 친구들은 어떨까요?

"목사님! 전도사님! 선생님! 저는 이미 순결을 못 지켰으니 서약 안 해도 되는 거죠?"라고 말할 수 있는 친구들이 과연 몇이나 될까요? 아마 한 명도 없을 거예요. 저는 바로 이 부분 때문에 혼전 순결 서약식이 폭력성을 가진다고 생각해요. 당연히 순결을 지켜야 한다는(지켰어야 한다는) 분위기 속에서 전혀 문제가 없는 척 다른 사람들을 속이고, 심지어 자기 자신을 속이면서까지 서약서에 사인을 하잖아요.

그렇다면 궁극적으로 이건 누구를 위한 서약식인가요? 저는 그래서 혼전 순결 서약식보다 앞에서 제안했던 것처럼, 아무에게도 말하지 못했던 성에 대한 솔직한 나눔을 할 수 있는 시간을 마련해 주는 것이 훨씬 더 필요하다고 생각해요.

06
성에 대한 이야기, 어떻게 시작해야 하나요?

"저는 중1 아들, 고2 딸을 두고 있는 엄마입니다. 목사님의 말씀을 듣고 나니 사춘기 자녀들과 성에 대한 이야기를 솔직하게 나누는 것이 정말 필요하겠다는 생각이 드는데요. 이런 대화를 한 번도 해 본 적이 없어서 너무 민망하고 용기가 나질 않아요. 아이들과 성에 대한 이야기를 어떻게 시작하면 좋을까요?"

어머님, 정말 고민이 많으시겠어요. 자녀들이 중1, 고2라면 지금 한창 성에 대한 호기심이 왕성할 때인데 성에 대한 이야기를 나누는 것이 생각보다 참 쉽지가 않죠.

요즘 부쩍 학부모 세미나에서 저를 많이 초청해 주세요. 가 보면 부모님들이 하나같이 침울한 표정으로 저를 간절하게 쳐다보세요. 저도 아이를 키우다 보니 부모님의 그 마음이 얼마나 이해되는지 몰라요. 만약 다른 집의 자녀 문제라면 "누구 엄마, 아빠! 그럴 때는 말이에요. 이렇게 저렇게 해 보세요!"라고 아주 관대한 마음으로 훈수를 두겠지만 그 대상이 내 새끼라면… 상황은 완전히 달라지죠. 이건 부모라면 어쩔 수 없는 것 같아요.

자녀와 성 이야기를 시작하는 방법을 나누기 전에, 먼저 이런 질문을 던져 주신 어머님께 정말 큰 칭찬을 해 드리고 싶어요. 자녀와 성에 대한 이야기를 나누겠다고 마음먹으신 것 자체가 큰 결심이었을 테니까요. 그런 점에서 어머님의 자녀들은 참 행복한 아이들이라는 생각이 들어요.

부모님이 자녀들과 성에 대한 이야기를 나누실 때 주의하셔야 할 부분들이 있어요. 여기에 다 적을 수가 없어서 그중에서도 정말 중요한 한 가지만 나눠 볼게요.

절대로 처음부터 직구를 날리지 마세요!

간혹 제 강의를 들으시거나 글을 읽고 나서 자녀들에게 바~로 적용하시려는 부모님들이 계세요. '옳거니! 우리 아이들에게 좋은 어른 멘토가 필요하다고? 그럼 내가 해야겠다!' 그리고 그날 밤 집으로 돌아가서 자녀들을 앉혀 놓고 바로 이렇게 직구를 날리시죠.

"엄마, 아빠가 이제부터 너의 좋은 성 상담 멘토가 되어 주려고 해! 요즘 너는 성에 대해서 어떻게 생각하니? 너 혹시 엄마, 아빠 몰래 야동 본 적 있니? 남자친구, 여자친구는 있니? 있다면 스킨십은 어떻게 하고 있니?"

평소에 일상의 대화가 많았던 부모와 자녀 간이라 할지라도 성에 대한 대화는 처음에 조심스럽게 접근해야 해요. 그런데 만약 평상시에도 대화가 많이 없던 상태에서 부모님이 이렇게 훅 직구를 날리시면 자녀들은 어떤 반응을 보일까요?

제가 항상 학부모, 교사 세미나를 할 때 강조하는 게 있어요. '다음 세대 사역은 관계 사역이 맞다! 하지만 특별히 성교육, 성상담의 영역에서는 관계 그 이상의 것이 필요하다! 아무리 친한 사이라 할지라도 성에 대한 주제의 대화는 쉽게 꺼낼 수 없다. 그래서 단순한 친밀함 그 이상의 깊은 신뢰의 관계와 전문성, 철저한 준비가 필요하다!'

부모님들께 부탁드리고 싶어요. 자녀와 솔직하고 진지하게 성에 대한 이야기를 하고 싶으시다면 우선 우리 아이들과 더 돈독한 신뢰 관계를 형성해 주세요. 그 방법은 단순해요. 하루에 자녀와 대화하는 시간을 절대적으로 늘려 주세요. 학교에서 어떻게 지내는지, 친구 관계에서든 학업에서든 고민은 없는지, 그냥 요즘 기분은 어떤지 귀 기울여 들어주세요.

언젠가 아동청소년 정신과 선생님이 강의하시는 것을 들은 적이 있는데 부모님이 자녀와 얼굴을 마주보고 앉아서 15분만 집중해서 대화를 나눠도 아이들의 뇌와 마음이 건강해진다고 하더라고요. 단, 대화를 나누실 때 조심하셔야 할 부분이 있어요. 그 어떤 경우에라도 부모님이 대화를 리드하지 않기! 교훈하듯 다그치거나 설교하지 않기! 그냥 15분 동안 웃으며 들어주세요. 공감해 주세요.

일상의 대화가 쌓이고, 나의 말과 생각을 존중해 주는 부모님의 모습을 보며 신뢰가 쌓이다 보면 자연스럽게 자녀와 성에 대한 이야기도 가능해질 거예요. 그때까지는 조급해하지 마세요. 더 많이 귀 기울여 주고 안아 주세요.

07
교회 안에서 교사 성교육은 어떻게 이뤄져야 하나요?

"○○교회 청소년 부서에서 10년 넘게 교사를 하고 있습니다. 목사님 강의를 듣고 나서 우리 교회 교사들이 먼저 제대로 된 성교육을 받아야겠다는 생각을 하게 됐습니다. 그런데 교회 안에서 어떻게 교사 교육을 해야 할지 잘 모르겠습니다. 그리고 교사 교육 이후에 교회 안에서 실제적으로 행할 수 있는 팁들이 있다면 좀 가르쳐 주세요."

우리가 성교육에 있어서 가장 쉽게 착각하는 것 중 하나가 바로 아이들에게만 성교육이 필요하다고 생각하는 거예요. 선생님 말씀처럼 실은 아이들보다 어른들의 교육이 먼저 이뤄져야 해요. 십 대든지 이십 대 이상의 청년이든지 성, 연애 문제에 있어서는 좋은 어른 멘토가 반드시 필요하기 때문이죠. 그래서 교회 교사들은 반드시 성교육을 받아야 해요.

가장 쉬운 교사 교육 방법은 전문적으로 성교육을 하는 강사를 초청해서 강의를 듣는 거예요. 하지만 이렇게 성교육이 일회성으로 끝나 버리면 안 돼요. 강의를 듣는 것도 중요하지만 이후로도 지속적인 나눔과 토의 시간을 활발하게 가져야 해요. 교회마다 가지는 지역적 특성, 역사가 다르기 때문에 교회의 상황에 맞춘, 보다 구체적인 교육 방법들에 대해서 교사들이 '함께' 모여 고민해야 해요.

그런데 그냥 아무것도 없이 모여서 토의하고 대화를 나누라고 하면 너무 막막하잖아요. 그래서 가장 좋은 것이 바로 책 나눔이에요! 실은 이 책이 바로 그런 필요성을 느끼고 쓰게 된 거예요. 아동 청소년, 청년들을 대상으로 쉽게 썼지만 교사, 학부모, 사역자들을 위한 책이기도 해요. 함께 한 챕터씩 읽으면서 서로의 생각을 나누고 대화하는 시간을 충분히 가지셨으면 좋겠어요. (가능하다면 아직 결혼하지 않으신 청년 선생님들의 교육은 따로 한 번 더 해도 좋아요. 제가 앞에서도 말했었잖아요. 아직 본인들의 문제가 해결되지 않았다고요.)

그리고 교회 안에서 제가 진짜 사용했던 팁 하나를 말씀드릴게요. 예전에 교회에서 사역하는 동안 학생들이 하나둘씩 연애하다가 사고치는 걸 보면서 성교육의 필요성을 절감했어요. 그래서 고민하다가 '사랑방'이라는 것을 만들었어요. 이제 와서 보니 이름이 참 유치하지만 정말 절실한 마음으로 만든 24시간 성, 연애 상담소였답니다!

뭔가 거창해 보이지만 실은 아주 간단했어요. 주보에 '사랑방(24시간 문의: 정혜민 010-○○○○-○○○○)' 이렇게 써 놓고, 광고 시간 때마다 홍보했어요. 학생들이 어려움이나 고민이 생기면 언제든지 연락해서 상담할 수 있게끔 했지요. 당연히 처음 한동안은 아무에게도 연락이 안 왔어요. 그런데 점점 시간이 지나면서 학생들이 찾아오기 시작했어요. 상담하는 학생들 수가 늘어나면서 나중에는 훈련받으신 선생님 몇 분(남자 선생님, 여자 선생님 각각 한 분씩)과 함께 팀을 이뤄서 운영했답니다.

그런데 여기서 주의할 게 하나 있어요!

열정이 넘치는 선생님들은 당장 이번 주부터라도 우리 부서에 사랑방을 두고 싶으실 거예요. 적당한 공간 하나를 확보해서 예쁘게 탁자도 놓고 꾸미고 싶겠지요. 그런데 사랑방은 절대로 실체가 없는 것처럼 운영해야 해요. 생각해 보세요. 만약 그렇게 공개적으로 공간을 만들어 놓으면 누가 그 문을 열고 들어가고 싶겠어요. '내가 그 방의 문고리를 잡는 순간, 다른 사람들이 나를 성 문제가 있는 사람으로 보겠지?' 이렇게 생각할 게 뻔하잖아요. 그러니 실체는 있지만 실체가 없는 것처럼 운영해 주세요! 학생들이 편하게 자기의 마음을 털어놓을 수 있는 장소에서 이야기를 나눠 보세요.

커플이 함께 찾아오면 소정의 데이트 선물(문화상품권, 카페 이용권 등)을 줬는데요. 이게 소문이 났는지 교회에 다니지 않는 친구들도 찾아오더라고요. 물론 전도를 목적으로 운영한 것은 아니었지만 참 의미 있다는 생각을 했어요. 그리고 다시 한 번 깨달았어요. 아이들은 진짜 좋은 어른 멘토를 필요로 한다는 것을요.

이 책을 읽으시는 모든 선생님들! 부디 사랑하는 우리 아이들이 진심으로 믿고 따를 수 있는 좋은 어른이 되어 주세요. 선생님들의 말 한마디, 작은 표정, 행동 하나만으로도 우리 아이들이 살아날 수 있거든요. 하나님의 넘치는 사랑으로 아이들을 품을 수 있는 귀한 선생님들이 되시기를 마음 다해 소망하고 응원합니다.

08
내 아이가 성범죄의 피해자,
혹은 가해자가 됐을 때 어떻게 해야 하나요?

"요즘 TV에서 성범죄에 대한 기사를 보면 정말 남 일 같지 않더라고요. 내 아이가 피해자가 될 수도 있지만 또 목사님 말씀처럼 가해자가 될 수도 있잖아요. 만약 내 아이가 사건의 당사자가 됐을 때 부모로서 어떻게 해야 할지 가르쳐 주세요."

내 자녀가 사건의 당사자가 됐다고 가정하는 것만으로도 끔찍하긴 하지만, 우리가 반드시 짚고 넘어가야 할 부분이기는 해요. 이 일을 하면서 그동안 정말 많은 부모님을 만났는데요. 자녀가 피해를 입었든지, 입혔든지, 항상 동일하게 하시는 말씀이 있었어요. 바로 내 자녀가 이런 일을 겪게 될 줄 몰랐다는 거였어요.

먼저 내 자녀가 누군가에게 피해를 입혔을 경우(가해자가 됐을 때) 부모로서 어떻게 해야 할지 이야기해 볼게요. 예전에 가해자 부모님과 상담을 한 적이 있어요. TV에 제가 출연한 것을 보시고 해당 방송국에까지 연락을 해서 제 번호를 물어 전화하셨더라고요. 자녀에 대한 실망감과 피해자에 대한 미안함, 동시에 그럼에도 문제 제기를 하는 피해자 가족들로부터 자녀를 지키고 싶어 하는 마음이 아주 복잡하게 얽혀 있었어요.

우선 우왕좌왕하는 마음을 진정시켜 드리고 본인들이 어떻게 하면 되겠냐는 질문에 아주 말하기 어려운 조언을 해 드렸어요.

"자녀를 사랑하시죠?"

"네, 그럼요!"

"그렇다면 자녀의 잘못을 무조건 인정하셔야 합니다. 그리고 자녀가 본인의 잘못을 인정할 수 있도록, 다시는 이런 일이 반복되지 않도록 따끔하게 훈계하셔야 합니다."

"그다음은요?"

"자신이 저지른 죄에 대한 처벌을 마땅히 받도록 내버려 두세요."

"… 아…."

"자녀를 진정으로 사랑하신다면 자녀가 본인의 잘못된 행동에 대한 책임을 질 수 있도록 기회를 주셔야 합니다. 그 어떤 경우에라도 이 사건에 있어서는 자녀의 편을 들지 마세요. 단, 자녀가 이 일을 통해 스스로를 돌아볼 수 있도록,

그래서 처벌을 받은 이후에 다시 새롭게 일어날 수 있도록 전보다 더 따뜻하게 품어 주고 안아 주세요. 잘못한 부분은 따끔하게 충고하고 훈계하시되, 이 일로 인해 남은 삶의 전부가 무너지지 않도록 보듬어 주세요."

정말 어려운 상담이었어요.

내 자녀는 아무 잘못이 없다고, 어떡해서든 자녀를 지키고 싶은 것이 부모의 당연한 마음이잖아요. 하지만 우리가 반드시 기억해야 할 것은, 그 어떤 경우에라도 자녀가 이렇게 명백한 잘못을 저질렀을 때는 그 행동에 대한 처벌을 받도록 내버려 둬야 한다는 거예요. 냉정하게 보일지 몰라도 이것이 진짜 자녀를 사랑하는 방법이에요. 자녀를 살릴 수 있는 방법이에요. '아… 내가 정말 잘못했구나. 다시는 이런 짓을 하지 말아야지!' 하고 자신을 돌아보고 반성할 수 있는 기회를 줘야 해요.

만약 부모님이 내 자녀는 아무 문제가 없다고, 자녀의 명백한 잘못에 대해 앞장서서 변호하고 면죄부를 주려고 하면 '아… 이것 봐. 내 잘못이 아니라니까? 내가 이 정도의 일을 저질러도 우리 부모님은 역시 내 편이구나! 다음에는 안 걸리도록 더 조심해야겠다!'라는 잘못된 생각만 심어 줄 뿐이에요. 이건 자녀를 사랑하는 것이 아니라 철저하게 망치는 행동이에요.

그렇다면 반대로 내 자녀가 피해를 입었을 때는 어떻게 해야 할까요?

사랑하는 내 새끼가 그런 일을 겪었다는 것을 처음 알게 되는 순간 마음이 한없이 무너질 거예요. 손발이 떨리고 어떻게 해야 할지 머릿속이 하얘질 거예요. 그리고 곧이어 분노가 치밀어 올라 당장이라도 가해자와 그 부모를 찾아가서 엎어 버리고 싶을 거예요. 물론 가해자에게 문제 제기를 하는 것도 중요해요. 하지만 그 전에 우리가 절대로 놓쳐서는 안 될, 가장 먼저 해야 할 일이 있어요. 바로 내 새끼의 마음을 보듬어 주는 거예요!

이 일로 인해서 가장 많이 아프고 상처받은 사람이 누구일까요? 피해를 입은 내 아이겠죠. 아이가 피해 입었다는 사실을 알게 됐다면 가장 먼저 손을 꼭 잡고 따뜻하게 안아 주세요.

"네가 잘못해서 그런 일이 일어난 게 아니야. 엄마, 아빠한테 솔직하게 말해 줘서 고마워. 내 새끼 그동안 얼마나 아프고 힘들었니. 그래도 나쁜 마음 먹지 않고 이렇게 곁에 있어 줘서 고마워. 이제 엄마, 아빠랑 함께하자!"

제가 피해자 친구들을 만나면서 너무나도 가슴 아팠을 때가 언제냐면, 부모님이 피해 사실을 알고 나서 오히려 피해 입은 자녀에게 욕을 하고 다그치셨을 때예요.

"도대체 평소에 행실을 어떻게 하고 다녔길래 이런 일을 당해? 그래서 엄마, 아빠가 그러고 다니지 말랬지? 내가 언젠가는 너 그런 일 있을 줄 알았다!"

피해를 입은 자녀를 보고 안타깝고 속상해서 나도 모르게 화나서 한 말이라 할지라도 이런 말은 절.대.로! 해서는 안 돼요. 부모님의 이런 감정적인 말 때문에 우리 자녀들이 2차, 3차 피해를 입는다는 사실을 결코 잊어서는 안 돼요.

이렇게 자녀에게 분노를 표출하는 부모님들이 있는가 하면, 또 한편으로는 자녀보다 더 슬퍼하고 무너지는 부모님들이 계세요. 이것 또한 자녀에게 큰 피해를 줄 수 있다는 사실을 아셔야 해요. 부모님은 자녀에게 안정적인 울타리의 역할을 해 주셔야 해요. 자녀가 피해 입은 사실을 알았을 때 마음이 무너지시겠지만 되도록 자녀 앞에서는 감정을 그대로 드러내지 마세요. 자녀의 상처받은 마음을 더 보듬어 주시고 듬직하고 믿을 수 있는 어른으로서 그 곁에 있어 주세요. 부모님이 더 아파하고 상처받는 모습을 보이면 정작 아이들은 마음 놓고 부모님 앞에서 펑펑 울 수도, 더 솔직하게 이야기할 수도 없어요.

피해 입은 내 아이의 마음을 먼저 돌봐 주는 것! 이것이 그 무엇보다도 가장 우선되어야 한다는 것을 꼭 기억해 주세요.

토닥토닥 성교육,
혼자 고민하지 마

1판 1쇄	2019년 5월 20일
1판 5쇄	2022년 9월 15일

지은이	정혜민
발행인	조애신
편집	이소연
디자인	임은미
마케팅	전필영
경영지원	전두표

발행처	도서출판 토기장이
주소	서울시 마포구 동교로 71-1 신광빌딩 2F
출판등록	1998년 5월 29일 제1998-000070호
전화	02-3143-0400
팩스	0505-300-0646
이메일	tletter77@naver.com
블로그	blog.naver.com/tletter77
인스타그램	togijangi_books_

ISBN	978-89-7782-416-4

- 이 책은 저작권 법에 따라 보호를 받는 저작물이므로 무단 전재와 무단 복제를 금합니다.
- 이 책의 전부 또는 일부를 이용하려면 반드시 저자와 도서출판 토기장이의 동의를 받아야 합니다.

도서출판 토기장이는 생명 있는 책만 만듭니다.
"우리는 진흙이요 주는 토기장이시니 우리는 다 주의 손으로 지으신 것이니이다" (이사야 64:8)